BIENVENUE DOULEUR!

Pilar Sordo

BIENVENUE DOULEUR !

Traduit de l'espagnol (Chili)
par Léa Gauthier

Payot

Retrouvez l'ensemble des parutions
des Éditions Payot & Rivages sur

payot-rivages.fr

Ouvrage publié sous la direction de J.-D. Nasio

TITRE ORIGINAL :
*Bienvenido dolor. Una invitación a desarrollar
la voluntad de ser feliz*
(Editorial Planeta Chilena)

On me demande souvent si pour écrire un livre j'ai besoin de m'enfermer ou de faire quelque chose de spécial. En vérité, écrire un livre exige plus de discipline que d'inspiration et je dois reconnaître que j'ai eu beaucoup de mal à commencer celui-ci. Lorsque j'essaie de comprendre pourquoi, plusieurs réponses me viennent à l'esprit : la première, c'est que cet ouvrage traite d'un sujet complexe… parler de la doulcur n'a jamais été facile.

La seconde, c'est que les recherches sur lesquelles s'appuie ce livre sont difficiles à traduire en termes simples. Ce souci de simplification a toujours été mon objectif primordial pour chacune de mes publications. Aussi, les résultats des recherches ont-il passé un certain temps dans ma tête avant de pouvoir devenir clairs.

Un troisième aspect, tout aussi important, c'est qu'émotionnellement cette année n'a pas été une année facile, ni pour moi ni pour mon pays, et les situations que j'ai dû affronter m'ont empêchée d'avoir cette discipline nécessaire pour m'enfermer et écrire ce livre.

J'ai toujours pensé que mes livres ne devaient pas nécessairement être classés dans la rubrique « développement personnel », car ils sont le résultat d'enquêtes et pas nécessairement d'une illumination personnelle, qu'évidemment je ne crois pas avoir. Cependant, je ne peux m'empêcher d'observer et de penser que les gens qui ont manipulé et dénigré le concept de développement personnel sont des personnes probablement très orgueilleuses qui prétendent savoir aider les autres. Je crois profondément que nous avons tous, sans exception, besoin d'être aidés dans la vie, et si un livre (aussi mauvais soit-il) contient une seule ligne qui permette à n'importe quel être humain de se rendre compte de quelque chose qu'il n'avait pas perçu avant, alors ce livre a sans aucun doute un sens et a valu la peine, le grand effort que son auteur a fourni pour l'écrire.

Bienvenue douleur! est un titre qui sonne bizarrement ou qui paraît étrange, paradoxal, contradictoire ; il peut même s'avérer agressif pour beaucoup d'entre nous, surtout dans le cadre d'une société que nous avons tous contribué à construire, une société qui génère l'illusion, trompeuse évidemment, d'avoir vaincu la douleur. Nous en trouvons un exemple dans les progrès de la médecine qui cherchent à nous montrer que des traitements et des médicaments apparaissent chaque jour et à une fréquence de plus en plus rapide pour que rien ne nous fasse plus souffrir. D'un point de vue émotionnel, nous avons par ailleurs inventé des conduites, des rituels, des « stratégies de fuite » qui nous font sentir que nous pouvons nous arracher à la douleur et que, d'une manière ou d'une autre, nous arrivons à lui échapper.

Pourquoi écrire alors un livre qui s'intitule *Bienvenue douleur!*? Un Argentin m'a dit un jour que si j'avais choisi ce titre c'est que je n'avais jamais connu la douleur, sinon je n'aurais pas donné ce titre à mon livre. Il avait clairement tort.

La plupart d'entre vous me connaissent déjà, mais aux autres je dois dire que, comme beaucoup, je n'ai pas eu la vie facile. C'est pourquoi j'ai décidé d'entreprendre des recherches et de réfléchir sur les bénéfices que nous tirons à regarder la douleur, à la toucher et à la recevoir comme un « colis » qui arrive sans que nous l'attendions mais dans lequel, si nous sommes disposés à l'ouvrir, nous trouverons des centaines de cadeaux et d'opportunités pour devenir des personnes meilleures.

Bienvenue douleur! est une invitation à s'engager sur le chemin qui nous met face à ce qu'il y a de plus fragile mais aussi de plus puissant en nous, face à nos faiblesses et à nos forces, à nos volontés et à nos misères; un chemin qui nous apprend que l'arrivée de la douleur est inévitable mais que le choix de la souffrance dépend entièrement de nous. Mais ne vous méprenez pas... ce livre est une invitation joyeuse qui nous fera probablement découvrir certains aspects de notre fonctionnement personnel et social que j'espère démêler avec beaucoup d'humour et d'émotion. Je voudrais vous transmettre toute l'information dont ma petite personne est capable pour que vous trouviez peut-être dans ces lignes une lumière, une réflexion ou un exemple qui vous permette de vous approcher de vos peurs, de vos fragilités, du plus beau et du plus obscur de vous-mêmes.

Je souhaite que vous m'accompagniez sur ce sentier qui se nomme *Bienvenue douleur !* Nous allons nous arrêter en différentes étapes ou chapitres, où il sera question du bonheur, des émotions, du cancer, de la mort et d'autres formes de séparation, pour atteindre la dernière étape, dans laquelle je l'espère nous aurons atténué une peur, une résistance, une défense, pour qu'ensemble nous soyons tous capables de dire avec force, avec conviction et, même si cela paraît étrange, avec joie : « ***Bienvenue douleur !*** »

1

Le bonheur : une valeur avidement recherchée

Ces dernières années, j'ai été invitée à donner des conférences sur le thème de la qualité de la vie dans plusieurs pays d'Amérique latine. J'ai pu ainsi me demander quelles étaient les conditions requises pour accéder à l'idée de bonheur. Le dernier pays dans lequel j'ai réalisé cette étude fut le Chili, et lorsque l'on veut savoir pourquoi, en étant Chilienne, je n'ai pas commencé par mon propre pays, je réponds que le bonheur est un sujet qui nous préoccupe depuis peu de temps dans les régions les plus australes de l'Amérique du Sud (Argentine, Chili, Uruguay et le sud du Brésil), alors que c'est une question déjà ancienne dans les pays d'Amérique centrale comme dans le reste du monde hispanique.

J'ai décidé de mener cette recherche au Chili après une conversation avec ma petite grand-mère qui a aujourd'hui quatre-vingt-quinze ans. Elle est une des personnes que j'aime et que j'admire le plus au monde. Dans notre discussion, elle se disait vraiment préoccupée par la génération des personnes de quarante ans et moins. Selon elle, cette génération (chez les Chiliens mais aussi chez les habitants de tous les pays étudiés) possède aujourd'hui tout ce qu'elle-même, étant jeune, aurait aimé avoir pour rendre la vie plus confortable. Elle pensait aussi bien à une bouilloire électrique qu'à un remède pour guérir le cancer. Elle se demandait pourquoi, malgré ces choses faites pour nous «faciliter la vie», elle voyait plus de gens de sa propre génération rire aux éclats que les gens de la nôtre.

Cette réflexion m'amène à m'interroger sur la fréquence du rire, si divers et si hétérogène dans le monde hispanique; d'ailleurs avant même de commencer ma recherche sur le bonheur, j'avais le sentiment que dans mon pays nous riions très peu. Cette étude au Chili m'a pris deux ans et demi, à peu près le même temps que la révision et la validation de mon enquête dans l'ensemble des autres pays. Elle a porté sur des personnes âgées de cinq à quatre-vingt-dix ans, issues de différents milieux socio-économiques et des représentants de minorités tant ethniques que sexuelles ayant généreusement accepté d'y participer.

Quand j'essaie de répondre à la question de ma petite grand-mère, je découvre avec étonnement, surprise et curiosité, un phénomène social qui, pour une raison donnée dans chaque pays, nous fait valoriser, respecter et considérer les gens de mauvais caractère comme étant des personnes mûres, fortes, fiables, crédibles, solides et respectables. Ces gens aux sourcils froncés, qui ne sourient jamais, atteints de bruxisme (grincement des dents), sont des gens étrangement considérés dans certains pays comme des modèles, des référents intellectuels, sociaux et affectifs.

En revanche, l'autre, celui qui a une attitude affectueuse et positive, un visage détendu, affable et souriant, indépendamment des problèmes qu'il est peut-être en train de vivre, cette personne qui motive les autres, qui vous dit toujours que tout ira pour le mieux, qui remonte le moral de tout le monde et qui se montre cordial avec chacun, cette personne, aurait besoin, pense-t-on, d'une bonne thérapie ou d'une quelconque assistance psychologique. Cet être est considéré la plupart du temps comme immature, frivole, voire un peu léger intellectuellement ; tous le réprimandent en lui demandant instamment de mûrir, puisque la vie n'est pas une fête, et qu'on attend de lui ou d'elle qu'il ait enfin « la tête sur les épaules », comme on dit au Chili pour exprimer ce désir social d'arrêter de rire en permanence et d'adopter enfin une posture plus sérieuse et plus conforme à celle qu'on attend d'un adulte.

Une fois qu'on a les yeux ouverts sur cette réalité, des contradictions flagrantes nous apparaissent. J'ai constaté, par exemple, que des professeurs, dans les écoles ou dans les collèges, sanctionnent les enfants dès l'âge de cinq ans pour un fou rire, alors qu'ils ne sanctionnent pas nécessairement ceux qui se disputent ou se battent. Il semblerait que l'on tienne le rire pour un manque de contrôle de soi, tandis que la bagarre ou l'agressivité sont considérées comme «normales» dans le développement d'un enfant. Et il en va de même au travail, dans les relations avec la direction comme entre collègues de bureau : une personne positive et gaie, qui n'est pas geignarde mais au contraire cordiale, travaillerait moins et serait donc moins productive qu'une personne au visage crispé et sérieux derrière son poste de travail. En me rendant compte que, dans beaucoup de pays, nous continuons à confirmer l'adage «le rire abonde dans la bouche des imbéciles», je commence à comprendre avec étonnement la question de ma grand-mère.

Les bonnes choses durent peu

Pour l'un des protocoles que j'ai mis en place lors de cette recherche, j'ai réuni un groupe de dix personnes auxquelles je demandais de discuter intensément et même de s'enflammer au point d'en venir aux mains, et un second groupe de dix autres personnes qui, sans être prévenues, en marchant dans la rue, devaient rencontrer le premier groupe. Lorsque j'ai questionné ceux qui marchaient sur ce qu'ils avaient ressenti en voyant l'autre groupe se disputer vivement, plus de 80 % m'ont répondu qu'il ne s'était rien passé d'extraordinaire, que ce qu'ils avaient vu était fréquent, qu'«ils avaient eu peur mais qu'en aucun cas ils ne seraient intervenus pour régler le conflit ou pacifier les belligérants» et «qu'ils voulaient partir en espérant que personne ne serait blessé».

Quand, à l'inverse, ils ont croisé le même groupe mais riant à gorge déployée, de ces rires qui font tressaillir, huit des dix observateurs m'ont dit qu'il s'agissait de personnes ivres ou droguées, ce qui m'a énormément surprise. Voilà un indicateur qui montre que nous acceptons plus volontiers la rage que le rire, et que ce dernier n'est pas provoqué par une joie intérieure mais par des facteurs externes tels que l'alcool ou la drogue. C'est un peu ce qui arrive avec les adolescents qui pensent qu'ils ne peuvent pas rire aux éclats s'ils n'ont pas d'alcool ou d'autres substances dans le corps. Les fêtes ou les sorties sans alcool ne présentent aucun intérêt.

De plus, selon nos préjugés, c'est très mal élevé de rire fort. Ce qui explique que nous ayons pris l'habitude de rire en « serrant les fesses » pour paraître élégants, mûrs et sages.

Lorsque j'ai demandé au second groupe ce qu'il avait ressenti en croisant ces gens qui riaient si fort, 75,8 % ont répondu que ça les avait mis en colère, oui, je dis bien en colère, car ils étaient dans un état qui dépassait l'énervement. Ils ont aussi manifesté leur désir d'intervenir pour qu'ils rient moins fort ou s'arrêtent de rire tout simplement.

Donc, quand j'ai constaté que les personnes qui ont une conduite positive, souriante, aimable et disponible, suscitent dans certains pays – particulièrement dans le mien – une certaine tension sociale, j'en suis venue à me demander comment ces personnes saines et enjouées pouvaient continuer à vivre dans nos pays ?

La réponse est simple et évidente. La vérité,

c'est qu'il est très difficile pour une personne aussi affable de vivre dans un pays comme le Chili, parce qu'il y aura toujours quelqu'un qui, à un moment ou à un autre, sous couvert de «réalisme» et non de «pessimisme», tentera de la faire littéralement «descendre de son nuage» pour qu'elle cesse d'être rêveuse.

Lorsque j'ai essayé de comprendre comment cette personne «réaliste» s'y prenait pour «ramener à la réalité» la personne heureuse, il est apparu qu'il suffit de lui faire sentir que si elle est heureuse, quelle qu'en soit la raison, il faut qu'elle profite de ce bonheur parce qu'il ne durera pas!

Dans mon étude, j'ai appelé ce mécanisme «l'Anticipateur des malheurs». Cette formule du rabat-joie est un outil universel qui a surpris, entre autres, mes interlocuteurs guatémaltèques pour l'efficacité avec laquelle il a fonctionné au Chili. J'en ai de nombreux exemples: si je dis que je suis amoureuse, c'est forcément que je le suis depuis peu, et il y aura toujours quelqu'un pour m'avertir, parfois avec douceur: «Profites-en, c'est le meilleur moment. Quel dommage qu'il soit si court ! Mais c'est comme ça... Tant que ça dure, amuse-toi ! »

Quand une femme annonce qu'elle est enceinte, c'est étrangement le moment où on lui raconte les pires anecdotes sur les grossesses difficiles et les accouchements compliqués. Il ne manque jamais une « amie » qui, avec beaucoup d'affection, commence à nous raconter : « Gloria a eu un bébé dont le cordon ombilical s'est entouré autour du cou, il a failli mourir... La tension de la mère était montée à vingt-cinq... Enfin, grâce à Dieu, le bébé est né ! Mais toi, tu te sens bien, n'est-ce pas ? »

Un autre exemple caractéristique : si un célibataire se montre heureux, c'est précisément pour cela, parce qu'il est célibataire ; ou si, en tant que mère d'adolescents, je dis que je prends du plaisir avec eux, que nous n'avons aucun conflit majeur, on va aussitôt me demander l'âge de mes enfants, et lorsque j'aurai répondu que la plus jeune a dix-sept ans, ces « réalistes » affirmeront sûrement : « Ce n'est que le début ! Tu vas voir ! »

Et puis, je peux vous donner encore l'exemple curieux d'un événement sociétal qui a lieu dans mon pays et qui existe aussi, quoique de manière plus simple, en Argentine. Il s'agit de l'habitude de « célébrer » le fait d'avoir survécu à la traversée du mois d'août (en plein cœur de l'hiver en Amérique du Sud). C'est un classique du journal télévisé de vingt heures. Après une information tragique, comme un tremblement de terre quelque part dans le monde, surgit un journaliste généralement posté dans une maison de retraite qui demande aux personnes âgées quel a été leur secret pour passer les mois d'hiver sans problème majeur. Il y a une raison historique à cette question, c'est que le mois d'août, au moins dans les pays de l'hémisphère Sud, est un mois de grandes instabilités climatiques durant lequel les gens les plus faibles tombent malades et souvent décèdent. Cependant, le plus cocasse dans cet exemple n'est pas tant l'explication du pourquoi on célèbre la traversée d'août que la réponse fournie par la plupart des personnes âgées.

Cette année, 60 % des interviewés ont répondu : « Qui passe le mois d'août meurt en septembre. » Décidément ! S'il est déjà bizarre de célébrer la fin d'un mois difficile, ne l'est-il pas davantage encore de supposer que le malheur arrivera le mois suivant ? Il y a toujours en arrière-fond de cette réaction la sensation que « les bonnes choses durent peu ».

Dans certains pays, on dit « Tel qui rit vendredi, dimanche pleurera », pour faire sentir que si nous nous amusons aujourd'hui, si nous en profitons, nous devrons le payer avec de la douleur, demain. Aussi, nous tendons inconsciemment à réprimer les moments de plaisir pour éviter de souffrir plus tard. Je crois que l'une des raisons qui permette d'expliquer cette attitude repose sur la tradition catholique de nos sociétés. En effet, la résurrection n'apparaissait-elle pas anciennement comme une promesse de bonheur face à la « vallée des larmes que nous devons traverser sur terre » ? Par conséquent, les moments de joie adviennent à condition qu'ils s'achèvent et qu'il faille les payer.

Il y a des phrases que nous utilisons tous les jours qui sous-entendent ce mécanisme, par exemple : « Le pain brûle à la porte du four », « Si quelqu'un te propose du travail, n'en parle pas, ça porte malheur», «Si tu es enceinte, ne le dis pas avant le quatrième mois, tu peux perdre ton bébé», «Les femmes ne doivent jamais poser leur sac au sol sinon l'argent s'en va», «Ne te réjouis pas trop vite, ainsi si tu échoues, tu ne seras pas triste, et si tu réussis tu seras content», et peut-être le pire de tous les dictons, car c'est sur lui que repose la précarité de la santé mentale dans beaucoup de nos pays et particulièrement le mien: «Au cœur de la confiance règne le danger.»

Vous avez sans doute souri en lisant ces phrases, mais à bien y réfléchir, ce mécanisme anticipateur des malheurs si fréquent dans notre fonctionnement social entraîne au moins trois conséquences graves dans l'idée que nous nous faisons d'un bonheur possible.

D'abord, quand un pays met en pratique ce mécanisme social qui prédit continuellement les échecs et les dangers plus que les réussites, les gens prennent l'habitude de parler davantage de choses négatives que de choses positives et le ton émotionnel des conversations est toujours celui de la plainte. À quoi bon raconter que je vais acheter telle voiture si quelqu'un arrive aussitôt pour me dire précisément que la marque que j'ai choisie consomme beaucoup trop d'essence ? Ou encore pour me demander : « Tu as une voiture neuve, mais que s'est-il donc passé avec l'ancienne ? Tu as eu un accident ? »

Afin de vérifier ce mode de comportement si répandu, je vous invite à faire l'exercice suivant : lorsque quelqu'un vous demande de vos nouvelles, répondez-lui « Je vais très bien » et vous observerez avec surprise que la conversation s'achève aussitôt. Si, en revanche, vous racontez que vous avez un problème ou que vous répondez « Plus ou moins », vous vous apercevrez qu'il y a là matière à parler pendant un bon moment et vous vous sentirez compris par l'autre. Dans différents pays où j'ai enquêté, vous tomberez facilement sur quelqu'un qui, lorsque vous lui dites que vous allez très bien et que vous êtes content, insistera en vous posant toutes sortes de questions pour mettre en évidence ce qui cloche et, comme personne n'a une vie parfaite, la conversation s'animera et tournera autour de ce qui ne va pas. C'est peut-être une des raisons pour lesquelles il en coûte tant, dans certains pays, de parler de ses projets personnels car il suffit que l'on ait l'idée de lancer une activité ou d'entreprendre dans quelque domaine que ce soit pour que surgissent plusieurs de ces êtres « très intelligents » qui, « avec beaucoup de sagesse », vous disent que ça ne marchera pas.

La seconde conséquence de ce mécanisme, c'est que, dans les pays où cet « art » d'anticiper le malheur est pratiqué, les gens ont de grandes difficultés à rêver. En général, les comportements sociaux tendent, paradoxalement, à la résignation, à la non-illusion, pour ne pas souffrir. Je dis « paradoxalement » parce que je crois qu'il n'y a rien de plus déprimant en soi ni de pire pour un pays que de perdre la capacité de rêver et d'espérer. Étrangement, comme dans les oracles grecs, la souffrance que l'on essaie d'éviter se produit de toute façon car la disparition de l'espoir s'accompagne de la perte de la joie et de l'enthousiasme pour la vie. Dans le cadre de ce concept, de cette structure mentale où l'on ne se risque plus à rêver, même si la réalisation du rêve est fugace ou que le rêve est impossible, les personnes préfèrent **ne pas aimer**, **ne pas donner le meilleur d'elles-mêmes**, et se résigner à ne pas grandir ni évoluer.

Troisième conséquence. L'application individuelle et sociale de ce mécanisme contribue à l'idée que si les bonnes choses s'achèvent ou durent peu, c'est parce qu'« ainsi va la vie » et non parce que j'ai moi-même fait quelque chose pour produire ce résultat.

Cela nous conduit à l'analyse de nos « centres de contrôle », ces zones où nous situons les causes de nos actes. Depuis que nous sommes petits, nous avons placé notre centre de contrôle hors de nous, ce qui fait que nous ne sommes jamais responsables de ce qui nous arrive. C'est notre second talent national, le premier étant l'anticipation des malheurs. Je peux vous en donner de nombreux exemples. Nous disons que « les objets tombent » et non que quelqu'un les a lancés, jetés ou renversés. Nous disons que si les enfants ont de mauvaises notes, c'est parce que les professeurs sont trop exigeants, alors que les bonnes notes relèvent bien sûr du seul mérite personnel. En voiture, nous disons que quelqu'un nous est rentré dedans, mais jamais que nous avons provoqué l'accident par quelque action irresponsable ; même si l'accident s'est produit parce que nous étions ivres, nous considérons l'état d'ivresse comme une circonstance atténuante, voire déculpabilisante. Si nous arrivons en retard quelque part, c'est généralement à cause des embouteillages et non parce que nous appartenons à la grande masse de citadins qui, au moment où le réveil sonne, se disent « encore cinq petites minutes... » ou simplement parce que nous avons mal organisé notre agenda.

Supposer que les bonnes choses durent peu, et adopter par conséquent ces mécanismes anticipateurs des malheurs, est l'une des principales causes d'affaiblissement de la volonté et de l'effort. Or la volonté et l'effort sont bien les seules sources qui nous permettent de maintenir et de renforcer les aspects positifs de nos vies.

Manque de visibilisation et de personnification

Avec ce mécanisme anticipateur de fatalités apparaissent deux autres comportements sociaux, malheureusement en augmentation croissante. Ils s'observent principalement dans les grandes villes et sont directement liés à la difficulté de profiter et de faire confiance à ce qui est simple et quotidien. J'ai appelé le premier comportement «manque de visibilisation sociale». Il signifie que progressivement nous voyons de moins en moins les gens et nous acceptons que beaucoup de personnes que nous croisons quotidiennement soient littéralement invisibles à nos yeux. Ce sont des personnes qui font partie de notre environnement quotidien et avec lesquelles nous interagissons mais que, paradoxalement, nous ne voyons pas, et, même s'il est difficile de le dire, «parce que nous n'avons pas besoin d'elles». Il semblerait que dans un monde si convulsionné et accéléré comme celui que nous avons construit, nous visibilisons quelqu'un uniquement lorsqu'il nous est utile, que ce soit pour nous protéger ou par quelque nécessité sociale. Des personnes invisibles, il y en a beaucoup ! Par exemple, les dames et les messieurs qui nettoient les centres commerciaux ou les bureaux avec leur chariot ; ces dames m'ont raconté qu'elles s'étaient habituées à travailler en regardant le sol, car elles étaient tellement angoissées de regarder les gens en face sans que personne ne leur dise bonjour, qu'elles s'étaient habituées à faire leur travail tête baissée. Je dois admettre cependant que cette habitude de ne pas voir ces dames n'est pas présente dans tout le monde hispanique ; dans des pays comme la Colombie, l'Équateur, le Guatemala ou le Salvador, ces femmes sont toujours saluées et même, leur travail est reconnu par un petit mot.

Alors que nous, Latino-Américains, montrons tant d'emphase et de rage lorsque nous nous référons au concept d'inégalité sociale, nous semblons incapables de comprendre que si je vais dans ce centre commercial, c'est en grande partie grâce à cette femme, car c'est grâce à elle que ce lieu est propre et agréable. Cependant, dans de nombreux endroits cette dame nous dérange sur notre passage, et nous l'évitons littéralement, alors que dans d'autres lieux, on la salue et on lui dit quelque chose d'amusant sans que ce geste ne coûte ni temps ni argent. Bref, **ça ne coûte rien**. À l'instar de ces femmes, j'ai rencontré, tout au long de mon étude, de nombreux personnages invisibles, tels les guichetiers des péages, les serveurs dans les cocktails, les jardiniers, etc. Cependant, pour pouvoir faire une bonne analyse, j'avais besoin de rencontrer un rôle social que l'on retrouve partout, qui ne dépendrait pas d'un niveau socio-économique particulier, et auprès de qui je pourrais facilement enquêter. C'est pourquoi j'ai finalement choisi les gardiens de différents lieux, des gardiens de supermarché, de pharmacie ou de banque par exemple. Quand nous faisons l'effort de voir, nous trouvons toujours un gardien, parce qu'il y en a toujours un quelque part, que nous regardions à gauche ou à droite.

Quand je me suis adressée à ces gardiens pour savoir combien de personnes les voyaient et leur disaient bonjour au cours d'une journée de travail de huit ou neuf heures, ils m'ont répondu qu'en moyenne, au Chili, il y en avait quatre. Lorsque j'ai voulu affiner mon enquête et savoir combien de personnes établissaient un contact visuel avec eux et leur adressaient en plus un sourire, ils m'ont répondu avec une pudique tendresse qu'il y en avait à peine deux.

Je me suis demandé comment cet homme pouvait rentrer chez lui et être tendre avec sa femme ou avec ses enfants, s'il avait été affecté de faire son travail neuf heures durant dans un lieu où personne ne l'avait vu. La réponse m'a paru évidente : cet homme ne peut pas être affectueux avec sa famille. Or, lorsque cet homme n'est affectueux ni avec sa femme ni avec ses enfants parce que je ne l'ai pas salué, moi, Pilar Sordo, je suis responsable de sa violence, je suis complice de sa mauvaise humeur. Nous en rendons responsable la « société », le « système », la « routine » ou le « stress », mais quand nous disons ces mots, ne sommes-nous pas en train de nous décharger de notre responsabilité sociale en oubliant que nous sommes le « système », que, vous qui lisez ce livre, vous êtes le « système », que nous sommes la « société » et que vous, qui m'accompagnez dans votre lecture, vous êtes aussi la « société » et que tous, d'une manière ou d'une autre, nous sommes responsables de la joie et du moral d'un pays ? En tant que citoyenne, j'ai **le devoir constitutionnel,** même si cela paraît amusant, d'être aimable aujourd'hui et d'essayer, dans la mesure de mes possibilités, de ma volonté et de mes douleurs, de faciliter la vie de tous les êtres humains que je vais rencontrer aujourd'hui. Je n'ai aucun droit, si vraiment j'aime mon pays, de compliquer, d'entraver ou d'aigrir la vie de quelqu'un à cause de mes problèmes personnels.

La visibilisation se fonde sur un principe de base de l'être humain selon lequel l'autre doit être reconnu comme un égal et selon lequel je dois traiter et considérer tout un chacun comme j'aimerais que l'on me traite et que l'on me considère. La visibilisation reflète le respect le plus profond et la solidarité qu'un peuple doit avoir à l'égard de lui-même, parce que **voir** implique **valider**, **reconnaître** et même **sourire à cet autre** pour lui faire sentir que nous vivons ensemble cette seconde de la vie.

À côté de ce manque de visibilisation, il existe un second phénomène qui, comme je l'ai mentionné au début, se manifeste non seulement dans les métropoles, mais partout à plus ou moins grande échelle. Ce phénomène, je l'ai appelé « manque de personnification sociale », expression qui signifie que nous sommes connus pour ce que nous faisons et non pour qui nous sommes. Je veux dire par là qu'aujourd'hui nous ne connaissons plus les noms des gens. Nous les connaissons pour être le professeur de mathématiques de nos enfants, le concierge de notre immeuble, le jardinier, l'infirmière, le médecin de l'hôpital, l'employé qui travaille dans telle ou telle entreprise, le banquier, le gardien, la femme de ménage ou le dépanneur, etc.

Ne pas connaître le nom des personnes avec qui nous partageons notre quotidien altère profondément les liens de confiance dans un pays, car pour que je connaisse le nom de quelqu'un il faut que je m'arrête, que je prenne au moins quelques secondes pour saisir son visage, que je le regarde dans les yeux, lui sourie et lui livre un peu de mon propre visage.

À l'époque où je réalisais mon enquête, un ouvrier est venu changer un rideau chez moi. Lorsqu'il est arrivé, je lui ai demandé comment il s'appelait, il m'a répondu « Jorge » et je lui ai dit « Pilar ». Avant de commencer son travail, Monsieur Jorge s'est arrêté pour me dire, très ému – ce qui m'a semblé étrange – qu'il était surpris que je lui demande son nom car il a toujours été « le monsieur des rideaux ». « Quand j'arrive chez des clients, ils disent : "Le monsieur des rideaux est arrivé." Et lorsque je repars : "Le monsieur des rideaux s'en va." Pour évaluer mon travail, la question est souvent : "L'installation est-elle bien faite ?" » Cette pratique dépersonnalisante qui consiste à ne pas appeler l'autre par son nom et, ce qui est pire, de s'intéresser à lui uniquement lorsque nous avons une réclamation à faire (dans le but par exemple de se plaindre d'un employé à ses supérieurs), révèle la manière dont nous vivons et montre comment, bien souvent, l'urgent prend le pas sur l'essentiel.

Cette habitude n'est pas la même dans tous les pays. Je dois reconnaître qu'en Argentine, au Pérou et en Colombie, entre autres, les gens ont tendance à être plus personnificateurs et visibilisateurs qu'ailleurs. En ce sens, le Chili, avec quelques régions du Pérou, semble être l'un des rares pays du monde hispanique où les gens ne se saluent pas dans l'ascenseur et évitent tout contact visuel. Ils adoptent des attitudes stupides qui tiennent les autres à distance, en feignant par exemple d'avoir reçu un message sur leur portable alors qu'ils savent pertinemment qu'aucun signal ne passe.

Au fil de mon enquête, j'ai emprunté de nombreux ascenseurs. J'en ai pris un à Santiago, un lundi en plein hiver à 8 h 20 du matin. Nous étions environ quinze personnes à l'intérieur. En entrant, j'ai dit à haute voix et d'un ton franc et chaleureux : « Bonjour ! » Personne ne m'a répondu, j'ai juste entendu un bruit guttural au fond de l'ascenseur, ce qui m'a fait m'exclamer : « C'est la première fois que je prends un ascenseur en compagnie de sourds-muets. Je ne savais pas que dans cet immeuble il y avait un centre de rééducation du langage. » Comme vous peut-être en ce moment, certains ont esquissé un sourire et j'ai fait alors le commentaire suivant : « Vous m'entendez, et puisque vous m'entendez, pourquoi n'avez-vous pas répondu à mon "bonjour" ? »

Parmi la quinzaine de personnes qui étaient dans l'ascenseur, il y avait un de ces personnages dont j'ai parlé au début du livre : celui aux sourcils froncés, toujours de mauvaise humeur et que nous tenons pour intelligent et responsable. En outre, au Chili, ce personnage a deux prétentions : la première, c'est de parler de manière compliquée. Il utilise les mots les plus recherchés, les plus intellectuels possibles, dans le but de prouver qu'il est cultivé et que si les gens ne le comprennent pas, ce n'est pas son problème car c'est aux autres de s'élever à son niveau. La seconde prétention de ce personnage, c'est qu'en parlant du Chili il doit le critiquer en se référant à « ce » pays et non à « son » ou à « notre » pays, installant ainsi une distance entre lui et le reste de la population. Ce personnage, qui est donc présent dans l'ascenseur, me réplique très sérieusement : « Le Chilien est timoré », face à quoi je lui demande « Es-tu étranger ? », et il me répond très surpris : « Non, je suis chilien. » Je lui dis alors en souriant : « Nous, les Chiliens, *nous sommes* timorés », et lui, tout en souriant, me répond dubitativement : « Mmmhh, tu as raison : nous, les Chiliens, nous sommes timorés. » Après avoir un peu détendu l'atmosphère, je lui raconte que je suis d'accord avec son diagnostic et je lui demande quel peut être selon lui le remède : « Que devons-nous faire ensemble pour changer cette situation ? » Il me répond : « C'est un problème complexe, d'ordre culturel, politique et historique. » Je souris et, après avoir considéré la profondeur de son propos, je lui demande, à lui comme à tous ceux qui étaient dans l'ascenseur, de m'accompagner jusqu'au dernier étage, en respectant tous les arrêts, puis de redescendre au rez-de-chaussée afin que j'aie le temps de leur montrer à quel point il est facile de changer cette dynamique. Tous acceptent. Je m'adresse alors à l'une des femmes: « Si, en rentrant dans l'ascenseur, je te regarde, je t'observe et je remarque que tu portes un manteau, un sac et une veste violet foncé. Puis si je te dis que cette couleur te va bien, que tu es très belle ainsi, il est certain que ce commentaire ne résoudra ni tes problèmes économiques ni tes difficultés sentimentales. Cependant, je suis sûre qu'en sortant de l'ascenseur tu te sentiras plus jolie. Et tu arriveras sans doute sur ton lieu de travail en pensant qu'une "folle" dans l'ascenseur vient de te dire qu'elle te trouvait belle. » Probablement, cette femme me consacrera ensuite cinq minutes au début et cinq minutes à la fin de sa journée de travail, car lorsqu'elle retirera son manteau, elle dira à son collègue: « Dans l'ascenseur, une "folle" m'a dit que mon manteau m'allait bien », et elle se rappellera encore de cette « folle » lorsqu'elle remettra son manteau. J'ai conclu en disant à tous: « Si ce simple compliment ne signifie pas changer un lien social à peu de frais et en peu de temps, alors expliquez-moi ce que c'est? »

À ce moment-là, le « monsieur cultivé » de l'ascenseur semble surpris et me confirme : « Certes Pilar, cela me paraît envisageable » (évidemment, il ne pouvait pas me dire tout simplement « C'est possible ! »). En vérité, je pense qu'il est facile de changer un lien social et de le faire quotidiennement.

Dans tous les pays où j'ai enquêté, nous trouvons des problèmes politiques, sociaux, économiques, etc., que nous essayons tous de résoudre. Mais dans certains pays plus que dans d'autres, le sens de l'humour, une manière d'être qui facilite les choses, le fait de visibiliser et de personnifier les autres et, en général, l'attitude que chaque peuple adopte face au quotidien, tous ces facteurs nous aident à vivre les problèmes d'une manière différente.

Il est agréable de voir comment la cordialité, l'amabilité, la disponibilité vis-à-vis de l'autre et le sens de l'humour permettent dans certains pays, même ceux qui ont du mal à sortir du sous-développement, d'avoir une meilleure perception de la vie, du bonheur et de la jouissance des choses simples.

Par exemple, les Chiliens et les étrangers qui sont en train de me lire s'accorderont avec moi sur le fait que le Chili est reconnu à l'extérieur comme un pays efficace dans lequel il y a peu de corruption, où l'ordre règne et où «les choses sont bien faites». Cependant, à côté de ces caractéristiques – et de beaucoup d'autres encore qui me rendent fière du pays où je suis née – je ne peux m'empêcher d'observer qu'il nous manque **la joie, les éclats de rire, la capacité et la nécessité de remercier tous les jours pour ce que nous avons**. Bien souvent, rien ne sert d'être étiquetés «bon élève» si nous n'éprouvons pas le plaisir d'étudier et d'apprendre.

D'autres pays doivent travailler à améliorer leur capacité d'organisation, à réduire la corruption, à développer l'éducation et la santé. Mais cette étude m'a convaincue que nous devons tous et chacun d'entre nous travailler nos faiblesses en assumant le fait que nous sommes tous conjointement responsables du pays dans lequel nous vivons, et donc des problèmes que nous rencontrons chaque jour et de leurs solutions respectives.

À analyser toutes ces variables socioculturelles propres à chaque pays et qui sont des obstacles à la jouissance du quotidien, je commence à me demander quelles seraient alors les conditions requises pour s'ouvrir au bonheur. Vous vous êtes rendu compte que le titre de ce chapitre – « Le bonheur : une valeur avidement recherchée » – fait allusion au bonheur comme un but auquel nous aspirons. Dans cette phrase est peut-être résumée la plus grande erreur liée à ce concept. C'est pourquoi, avant de vous transmettre les résultats de ma recherche sur les conditions qui permettent d'être heureux, je dois vous expliquer clairement le concept de bonheur que j'utilise dans cette étude.

Qu'est-ce que le bonheur ?

Assurément, beaucoup d'entre vous pensent que le bonheur, ce n'est qu'un ensemble de moments et que, par conséquent, lorsque ces moments arrivent, il faut vite en profiter car ils s'achèvent rapidement.

Ceux qui pensent ainsi associent légitimement dans leur tête le concept de bonheur à la joie, car ils présupposent que l'on est heureux uniquement quand on est joyeux. De plus, ces personnes sont celles qui vont développer la tendance, la capacité ou l'habileté à anticiper les malheurs, car en arrière-fond de leur conception, on trouve la définition selon laquelle les bonnes choses sont toujours fugaces.

Mais si tel était le cas, nous ne pourrions par exemple rencontrer aucune personne heureuse dans les services de chimiothérapie – des lieux que je visite plus souvent que je ne le voudrais, dans le cadre de ma fondation –, car évidemment, et je peux vous l'assurer, personne n'est content d'y être. Et même, je crois qu'il est fort possible de rencontrer dans ces endroits plus de personnes heureuses que beaucoup d'entre vous qui lisez ce livre, parce que ce sont des personnes qui ont trouvé un sens à leur vie à travers la douleur et la souffrance et qui aujourd'hui profitent davantage du présent qu'avant le diagnostic. **C'est pourquoi, le bonheur n'a rien à voir**

avec la joie. Quelqu'un peut être heureux en permanence dans la mesure où il a trouvé une raison ou un sens à ce qu'il fait, mais il est impossible d'être content tout le temps.

L'autre conception du bonheur, propre à notre modernité, est liée à la possession. Nous avons donc tendance à croire que si nous avions une télévision extraplate, nous nous sentirions plus heureux qu'avec notre vieux et encombrant téléviseur. Nous nous engageons alors dans une course épuisante, presque vertigineuse, pour posséder cette télévision à écran plat, que nous achetons généralement à crédit, dont nous profitons trois jours et qui nous laisse sur les bras des traites à payer. Mais puisque nous nous sommes dit que nous serions plus heureux avec ce nouvel appareil qu'avec l'ancien… Si c'était vrai, tous les millionnaires seraient heureux, mais ce n'est évidemment pas le cas. C'est pourquoi le concept du bonheur sur lequel j'ai choisi de travailler se condense dans cette question simple : « Pourquoi me lever ce matin ? » ou, dans d'autres termes : « Quel sens est-ce que je donne à ma vie ? »

Lorsqu'on a commencé à étudier le concept d'intelligence, on a instauré l'idée du quotient intellectuel, QI, qui supposait que les gens obtenant entre 90 et 100 étaient normaux intellectuellement et que, par conséquent, grâce à ce niveau, ils allaient avoir plus de chances de réussir dans leur vie intellectuelle et affective. On a ensuite ajouté le concept « d'intelligence émotionnelle », avec lequel on croyait que, allié à une certaine intellectualité, il fallait avoir l'habileté d'établir des relations affectives saines et durables et être capable d'exprimer son ressenti sous une forme adéquate et conforme à la situation. Ainsi, les personnes émotionnellement intelligentes auraient la possibilité d'avoir une vie pleine en trouvant un juste équilibre entre le professionnel et le personnel.

Aujourd'hui s'ajoute un nouveau concept qui amplifie et approfondit tout ce qui a pu être établi auparavant, il se réfère à l'idée de l'**intelligence spirituelle** ; il ne s'agit pas de la pratique d'une religion déterminée et il n'est pas lié à la forme ou à la méthodologie, mais au sens que l'on donne à tout ce que l'on fait quotidiennement. C'est pour cette raison que le «Pourquoi me lever ce matin?» prend sens et réussit à constituer le fondement des conditions démontrées pour notre étude. Lorsque j'ai donc demandé quelles étaient les conditions requises pour être heureux, elles se sont avérées étonnamment identiques dans tous les pays ; même les merveilleux Équatoriens étaient d'accord avec le fait qu'il s'est produit quelque chose de magique, parce que de tous les côtés sont apparus les mêmes mots.

Indépendamment du fait qu'il me faille reconnaître que ce fut pour moi un plaisir de voir le succès de notre étude, il a été extraordinaire de constater l'unification des valeurs à laquelle elle nous invite car cela nous amène à comprendre que toutes les personnes dans tous les pays ont finalement les mêmes besoins affectifs et que, au plus profond de nous-mêmes, nous prenons tous plaisir et nous souffrons tous des mêmes choses.

Ainsi, à la question de savoir quelles sont les conditions nécessaires pour être heureux aujourd'hui – parce qu'il y a quelques siècles ou années celles-ci auraient été différentes ou auraient d'autres nuances – nous en trouvons trois :

La première c'est qu'**être heureux est une décision**. Ce qui paraît indiquer que le bonheur ne dépendrait pas de la nature de ce qui nous arrive, mais de l'attitude avec laquelle nous affrontons ce qui nous arrive. Au cours de cette étude, j'ai fréquemment entendu des gens dire qu'ils ne pouvaient pas être heureux parce qu'il y a cinq, dix ou quinze ans, ils avaient beaucoup souffert et qu'ils n'ont pas pu surmonter leur douleur ; d'autres, dans un pourcentage non moindre, me dirent qu'ils seraient heureux lorsqu'ils auront une maison à eux, lorsqu'ils pourront quitter la maison de leurs parents, lorsque leur maladie sera guérie, lorsqu'ils auront trouvé un travail ou obtenu une promotion, lorsqu'ils auront terminé leurs études ou encore fini de payer leurs dettes, etc. Le bonheur apparaît ainsi comme un idéal auquel on aspire, qui se recherche sans tenir compte du fait que, comme le disait John Lennon, le bonheur « est justement ce qui arrive quand on est occupé à d'autres projets». Il arrive lorsqu'on ne l'attend plus.

Les personnes qui sont heureuses aujourd'hui ne sont pas celles qui n'ont pas de problèmes, parce que celui qui n'a pas de problème n'a jamais existé et n'existera jamais. Les gens qui sont heureux aujourd'hui sont ceux qui ont décidé de se lever ce matin avec un grand sourire aux lèvres malgré une peine immense à l'âme, ce qui au fond montre davantage une attitude qu'une réalité concrète, où la joie du quotidien passe plus par le regard que nous portons sur les choses que sur l'objectivité des faits.

Dans l'un des nombreux campements où je suis restée dormir après le tremblement de terre et le raz-de-marée qui ont dévasté le Chili en 2010, j'ai logé sous la tente d'une dame qui s'appelait Marta. En nous levant le matin, elle me dit de manière donquichottesque – étant donné la boue qui nous entourait de partout – qu'elle souhaitait nettoyer la tente. J'acceptai volontiers de l'aider et nous avons ainsi commencé le ménage. Alors que nous étions avancées dans notre tâche, elle s'est mise à chanter et moi avec elle ; nous en étions au milieu de la chanson lorsque nous avons entendu un cri assourdissant : « Madame Marta, pourquoi êtes-vous en train de chanter ? » Devant cette question, je me suis étonnée parce que je découvrais dans cette voix le typique anticipateur de malheurs dont je vous ai déjà parlé, et je demandai à Marta si elle le connaissait. Alors qu'elle me disait ne pas savoir qui c'était, nous sommes sorties de la tente et, en le voyant, elle lui dit : « Monsieur Ramon, c'est vous… Pourquoi criez-vous ? » Lui, furieux, répondit : « Et vous, pourquoi chantez-vous ainsi ? » Elle répliqua humblement : « Parce que je suis contente. » Lui, très étonné, lui rétorqua : « Comment pouvez-vous être contente alors que nous avons tout perdu dans le raz-de-marée et que nous n'avons plus de quoi vivre ? » Elle, avec la même humilité, lui déclara : « Parce que j'ai beaucoup à remercier. » Lui, ironiquement, sourit et, comme on le fait en général avec les gens heureux ou qui disent être heureux, il exigea que Marta justifie sa réponse, une réponse qu'il jugea stupide. Pour s'expliquer, Marta, douce et avec gratitude, commença alors à dire des choses telles que « lors des dernières pluies, le plastique que l'on nous a donné pour recouvrir nos tentes a merveilleusement résisté… aucun meuble n'a été mouillé ». Ou encore « la maison que l'État va me donner sera plus belle que celle que j'avais avant ; j'ai de nouveaux vêtements de marque que je n'aurais jamais pensé avoir et que je n'aurai jamais pu me payer ». « Mes enfants ont fait leur rentrée à l'école et, pour la première fois, je n'ai rien eu à leur acheter car tout leur a été offert. » « On a réparé le bateau de mon mari gratuitement et il sortira pêcher d'ici trois jours, nous allons donc de nouveau avoir de l'argent. Et le plus important, Monsieur Ramon, c'est que personne de notre famille n'est mort dans le raz-de-marée. »

Quand ce monsieur a écouté tous ces commentaires, très étonné mais avec une expression d'ironie sur le visage, il s'est approché de moi et m'a demandé qu'avant mon départ du campement je ne manque pas de m'occuper de l'état psychologique de Marta. Prise d'étonnement et d'un fou rire, je lui demande :

«De qui voulez-vous que je m'occupe ?» Et il m'a répondu presque sans se troubler : «De Marta bien sûr ! Ne vous rendez-vous donc pas compte, Madame Pilar, qu'elle est en état de *choc ?*» J'ai ri de son commentaire et je lui ai dit que je n'arrivais pas à croire qu'il pensait qu'elle était malade tout simplement parce qu'elle avait pris la décision d'être heureuse, non pas malgré ce qu'elle avait vécu, mais **avec** ce qu'elle a vécu et porté sur ses épaules. Je lui ai encore expliqué qu'il était déjà difficile de prendre tous les jours la décision d'être heureux, car il ne suffisait pas de le décider une fois pour toutes mais qu'il fallait parfois faire acte de volonté et le décider plusieurs fois par jour, parce que la douleur peut être très grande. En outre, avec des personnes comme Monsieur Ramon à ses côtés, Marta devait redoubler d'efforts de volonté : non seulement elle avait décidé d'être heureuse, mais encore elle devait s'en justifier.

Il est très fréquent de trouver, dans certains pays et dans certains milieux professionnels en particulier, que si quelqu'un arrive au travail de bonne humeur, le visage avenant, avec une attitude positive et même en chantant, que sa joie est due à une nuit torride. L'interprétation la plus probable de cette joie est : « Il a dû tomber sur un bon coup hier soir. » Lorsqu'on déduit ainsi ironiquement que le bonheur peut dépendre d'un orgasme, vous serez d'accord avec moi pour dire qu'il y a quelque chose qui cloche dans la vision que nous avons de la vie.

Il ne semble pas suffisant d'être vivants, d'éprouver des sentiments pour autrui, d'avoir du travail, pour justifier ou expliquer que grâce à cela et seulement avec cela nous sommes heureux. Nous sommes toujours en train d'attendre que quelque chose de spécial se produise pour pouvoir nous connecter avec cette sensation ou cette décision d'être heureux.

Il est fréquent d'entendre, et beaucoup d'entre nous le disons avec une grande légèreté, que nous venons de passer une journée « banale et ordinaire », sans comprendre que si nous avons ressenti des sentiments, que nous avons donné le meilleur de nous-mêmes et que si nous avons eu le nécessaire pour dormir et manger, la journée que nous avons passée a été tout simplement extraordinaire et en rien banale ou ordinaire.

Je peux vous donner un exemple merveilleux de cette difficulté à valoriser le présent, le simple et le quotidien, je veux parler de toutes ces choses que nous gardons dans nos maisons pour des « occasions spéciales » ou pour la visite d'invités, même si nous ne savons pas qui ils sont ni quand ils viendront. Il s'agit de coupes de champagne, de jeux de serviettes, de draps, de nappes, de bijoux ou de sacs à main, etc., qui attendent dans les placards que quelque chose de magique arrive, sans comprendre que le meilleur de nous ou les choses les plus belles que nous avons doivent être utilisées avec ceux que nous aimons et non avec des étrangers, et que l'unique occasion spéciale est celle qui se produit dans le présent et que, par conséquent, tout doit être utilisé simplement quand nous en avons envie.

En ce sens, je vous invite à faire un exercice simple, buvez de l'eau du robinet dans une coupe de champagne ; je vous donne ma parole que l'eau bue dans cette coupe aura une tout autre saveur que dans les verres dans lesquels vous la buvez tous les jours.

Cette connexion avec le présent est la clé permettant de prendre la décision d'être heureux, car comme le disait mon ami Felipe Cubillos – mort dans l'accident d'avion de l'archipel Juan Fernández –, les gens qui sont attachés au passé sont déjà morts et ceux qui sont attachés au futur ne sont pas encore nés.

La deuxième condition pour se connecter avec la décision d'être heureux, c'est qu'aucun de nous ne peut la prendre ou être heureux si nous ne sommes pas **reconnaissants**. Quand je parle d'être reconnaissant, je me réfère non seulement à l'avantage évident que signifie le fait de dire constamment merci pour tout ce qui nous arrive, mais aussi pour la qualité de perception qu'une personne doit avoir pour envisager le quotidien avec une attitude de révérence, d'étonnement, d'apprentissage et de gratitude permanente.

Et c'est peut-être ici que s'observe avec le plus de précision, l'essence de la question : « Pourquoi me lever ce matin ? », essence qui se voit très bien reflétée dans l'histoire d'un enfant du nord de mon pays, appelé Francisco, qui a neuf ans, et que je connais depuis longtemps, puisque sa famille et lui ont collaboré avec moi à différentes enquêtes et travaux. Un matin, Francisco m'arrête dans la cour de son école et me demande – puisque je connais bien la ville où il habite – à quelle heure je crois qu'il doive se lever pour que son père et sa mère arrêtent de lui crier dessus avant d'aller à l'école. Tout en souriant, je l'interroge pour savoir pourquoi ils lui crient dessus, et il me répond avec beaucoup d'assurance : « Parce que tous les parents se réveillent en criant sur les enfants et, d'après ce que j'ai compris en discutant avec mes copains de classe, ils crient tous la même chose. » Alors que nous sommes assis par terre, sa réponse m'inquiète et je lui demande donc de m'expliquer ce qu'ils lui crient. Il commence à me raconter qu'ils lui disent : « "Francisco, dépêche-toi ! Nous sommes en retard, je n'ai pas le temps de réchauffer ton lait et tu mangeras ton pain en route." "J'ai laissé le dossier jaune dans ma chambre, prends-le et mets-le dans ton cartable, ainsi que ton cahier de devoirs que j'ai laissé sur la table de nuit ou sur le guéridon et que je n'ai pas rangé."» Il me raconte que c'est cela qu'ils lui crient très fort et en particulier sa mère, depuis la salle de bains ou la cuisine.

Lorsque Francisco voit que je ris, parce qu'en tant que maman, je fais exactement la même chose, il me dit que grâce aux ateliers de développement de la volonté que j'anime à l'école, il a travaillé avec effort pour être capable d'aller réveiller ses parents en étant déjà habillé et prêt à partir mais que ses parents, pourtant, lui crient toujours dessus. Aïe! Aïe! Aïe!

En me voyant parfaitement représentée dans son histoire, je lui demande étonnée pourquoi ses parents continuent à lui crier dessus alors qu'il est prêt, et sa réponse est évidente et exquise: «Ils crient parce qu'ils ne savent pas où je suis et ma mère me réclame depuis la salle de bains.» Il semble que nous, les femmes, ayons une vocation utérine de tout contrôler depuis la salle de bains ou la cuisine, quelle que soit la taille de nos maisons. «"Francisco, où es-tu?" "Dans la cuisine, maman.” “Que fais-tu?” “Je vous attends.” “As-tu pris ton petit déjeuner?” “Oui, maman.” “Et ton goûter, l’as-tu rangé dans ton cartable?” “Oui, je l’ai bien rangé.”»

Désespéré, il me redemande conseil: «S’il te plaît, Pili, dis-moi à quelle heure je dois me lever pour que ça ne se passe plus comme ça.» J’imagine que pour ceux d’entre vous qui sont pères ou mères, cette histoire vous laisse songeurs, mais qu’allé-je dire à cet enfant? Que nous les adultes sommes névrosés et que les parents doivent se faire aider? Je ne lui ai rien dit et j’ai contacté son père. Quand je l’ai appelé, il était content de me parler et de me raconter que Augustin, son fils aîné, lui avait fait part de ma visite au collège pour parler de l’adolescence. Lorsque je lui ai précisé que mon appel ne concernait pas Augustin mais Francisco, il a été surpris. Je lui ai alors expliqué que Francisco m’avait interpellée dans la cour pour me demander à quelle heure il devait se lever pour que son père et sa mère ne lui crient plus dessus avant d’aller à l’école. Pedro a eu peur car il me connaît depuis longtemps et il sait que Dieu m’a fait don de nombreuses qualités, mais qu'il ne m'a faite ni subtile ni délicate. J'essaie d'arrondir les angles et de me faire plus douce, mais lorsque la passion me gagne, je perds toute subtilité. En réalité, il m'arrive d'être peu délicate, mais je vous jure que j'ai aussi du bon sens, et que je n'ai rien dit ni au fils, ni à son père. « Je ne te donne pas de conseil ai-je averti Pedro, mais je vais te faire le cadeau d'une phrase que m'a dite une femme de la campagne, une phrase qui m'a servi et qui pourrait t'être utile à toi aussi : "Le jour où tu te réveilles reconnaissant, avec gratitude, sans regretter d'avoir ouvert les yeux, tu t'arrêteras automatiquement de crier." »

Avez-vous déjà pensé à la quantité de gens qui se réveillent sans même réaliser qu'ils se réveillent, au lieu d'être reconnaissants de s'être réveillés ? Je vous assure que, d'une manière ou d'une autre, cette négligence nous est arrivée à tous, et vous qui lisez ce livre, cela doit vous parler. Si lorsque nous ouvrons les yeux nous nous disions : « Waouh, je suis réveillé ! » et qu'en plus nous prenions conscience que ce jour-là beaucoup de gens n'ont pas la chance d'en faire autant et que toutes les personnes que nous aimons et qui nous importent se sont aussi réveillées avec nous, et si à cela nous ajoutions le fait que selon toutes les études nous sommes sur cette terre pour trois choses : **apprendre à aimer** le plus que nous puissions ; **essayer de laisser une trace** pour qu'on se souvienne de nous pour quelque de chose de bien quand nous ne serons plus là ; et **être heureux**, ce qui n'est pas un droit mais un devoir, alors nous devrions tous nous réveiller souriants et définitivement morts de rire.

Ces cinq choses – que je me suis réveillé, que se sont réveillés ceux que j'aime, qu'aujourd'hui je vais pouvoir aimer plus qu'hier, que je vais essayer de laisser une trace dans le cœur de quelqu'un, et qu'en plus on m'offre l'opportunité de choisir d'être heureux maintenant – sont au centre ou devraient être au centre de notre gratitude quotidienne.

En réalité, il existe bien des manières de se réveiller, et je sais qu'il en est parmi nous qui ouvrent les yeux en ayant l'impression d'être des héros qui partent au champ de bataille et que la noblesse de ce « sacrifice » les font briller, car ils sentent que tous les efforts qu'ils font, y compris celui de se lever, permettent à leur famille d'avoir le nécessaire pour vivre. Mais le plus souvent, avant de sortir de la maison, nous soupirons au moins trois fois, en raison du supplice que nous éprouvons à affronter la responsabilité et le devoir dont nous espérons avec un peu de chance pouvoir nous libérer.

Si tel est notre départ de la maison, notre retour peut être encore plus pathétique, car lorsqu'à sept heures du soir nous sommes fatigués, que pour nous, les femmes, notre maquillage s'est estompé, que nos vêtements sont tout froissés, alors nous retournons dans nos maisons sans avoir compris que nous devrions être belles pour ceux que nous aimons et, par conséquent, nous apprêter pour rentrer et pas seulement pour sortir. Je pense aussi à ces hommes qui le week-end ne se rasent pas et gardent les mêmes habits parce qu'ils « se reposent ». Ils se font beaux toute la semaine pour tout le monde, mais ils sont un désastre pour la famille ou leur propre femme.

Le soir, épuisés, les hommes ont retiré leurs cravates ou ont au moins déboutonné un peu leur chemise comme pour respirer après le supplice vécu au travail ; les écoliers, fatigués de tout ce qu'ils sont censés avoir appris et de toute la concentration qu'on leur a demandée en classe, ont les chaussettes sur les chevilles et sont tout débraillés. À huit heures du soir, voici le tableau. Nous ressemblons tous à des blessés de guerre, nous sommes laids, émaciés, pâles et tristes ; parce qu'il existe en plus une étrange conviction selon laquelle si nous rentrons à la maison tout beaux, c'est comme si nous n'avions rien fait de la journée, ce qui rendrait difficile de faire payer nos efforts à ceux que nous aimons.

Comme ce groupe revient « de la guerre », il parle peu quand il arrive à la maison et s'accorde souvent le droit de s'écrouler sur le lit, mais heureusement avec la télécommande à la main, car il semble que, pour les hommes en particulier, cela procure un plaisir singulier. Dans cette attitude, proche de l'agonie où le sourire n'a pas sa place, s'enracine un discours qui, implicitement ou explicitement, tend à affecter la dynamique éducative de ceux que nous aimons, particulièrement de nos enfants.

Ce discours se compose de phrases telles que : « Mon amour, si je travaille c'est pour que tu puisses avoir tout ce dont tu as besoin, et si je ne travaillais pas, tu ne pourrais pas aller à l'école privée où tu vas, ni avoir ces chaussures que je viens de t'acheter. Elles te plaisent ces nouvelles baskets ? Eh bien c'est pour te les offrir que papa et maman doivent travailler. » Quelle belle leçon ! De cette manière, nos enfants et les êtres que nous aimons comprennent que le travail sert uniquement à acheter des choses alors qu'ils devraient d'abord comprendre que, indépendamment des difficultés et des problèmes, j'aime le travail que je fais, pour se rendre compte ensuite que c'est grâce à cela que nous vivons.

Comme il existe beaucoup de gens qui, pour différentes raisons, ne peuvent pas faire ce qu'ils aiment ou pire qui ne se posent même pas la question, je crois qu'il est important de préciser que nous avons tous l'obligation de nous demander en permanence quels sont nos talents, dans quel domaine nous pouvons les exercer et quels sont les efforts de volonté que nous devons faire pour qu'ils s'expriment pleinement. Si pour quelque raison je n'ai pas pu faire ce que j'aimais, je dois m'efforcer d'aimer ce que je fais.

Ce qui est grave dans le discours matérialiste, c'est qu'il semblerait que personne n'ait parlé aux enfants de la satisfaction du devoir accompli, ni leur ait expliqué que rentrer le soir fatigué à la maison est une obligation et même une bénédiction, car cela signifie qu'aujourd'hui nous avons pu nous consacrer entièrement à ce que nous devions faire et que c'est la raison pour laquelle nous sommes venus au monde. Peut-être est-ce l'un des motifs pour lesquels nos enfants ont ccssé d'étudier pour avoir la meilleure note, qu'un pourcentage important d'entre eux se contentent d'obtenir la moyenne, car ils n'éprouvent pas le désir de devenir adulte. Cela tient également au fait que notre génération se montre peu joyeuse et peu reconnaissante, car nous ne chantons pas, nous ne dansons pas, nous ne «faisons pas de folie», et nous disons même de manière inconsciente et sans nous en rendre compte «Je rentre mort du travail». Il nous est alors difficile de nous montrer à nos enfants, non pas comme des adultes sans problème, mais simplement comme des adultes heureux dont les problèmes n'empêchent pas de profiter de la vie.

C'est le même malentendu qui s'installe dans le domaine émotionnel, où la difficulté des jeunes à s'engager affectivement est due, dans une certaine mesure, à notre exemple d'adultes qui nous plaignons constamment de notre mariage. Je crois que les jeunes auront envie de s'engager le jour où ils verront leurs parents flirter et qu'ils percevront ainsi que l'amour doit être entretenu et que l'on ne vit pas ensemble ou que l'on ne se marie pas uniquement pour payer des factures. Ce sont eux, les enfants, qui doivent nous faire sortir du salon lorsque nous dansons dans le noir et ce sont eux qui doivent nous dire, gênés, d'arrêter de nous embrasser autant. Ce n'est qu'à ce moment-là qu'ils voudront prendre nos vies comme modèle et, pour la même raison peut-être, il est de moins en moins fréquent de voir les enfants exercer la même profession que leurs parents car ils ne nous voient pas contents et nous entendent seulement nous plaindre une grande partie de la journée de tout ce que nous faisons. Comme je l'ai écrit dans mon livre *Je ne veux pas grandir*, la phrase que les enfants nous entendent le plus souvent prononcer est «Je suis fatigué». Il nous faut réfléchir à l'héritage que nous leur transmettons en tant qu'adultes car, à travers nos actes plus qu'à travers nos paroles, nous empêchons nos enfants de rêver, de rire et de travailler avec effort pour obtenir ce qu'ils veulent.

Cette capacité à manifester de la gratitude, seconde condition pour accompagner la décision d'être heureux, renvoie ainsi à notre capacité de remercier ce qui est simple et quotidien. La température de l'eau de la douche, le goût du pain grillé, le plaisir immense de nous mettre au lit dans des draps frais avec un pyjama propre, l'odeur de l'herbe fraîchement tondue, la gentillesse d'une caissière au supermarché ou l'éclat de rire d'un enfant, sont autant de cadeaux dont nous pouvons nous délecter si nous avons du bon sens, mais c'est sans doute aujourd'hui le sens le moins partagé.

La troisième condition décisive pour décider d'être heureux réside dans l'obligation de **nous recentrer sur ce que nous avons et non sur ce qui nous manque**. Sans aucun doute, cette condition mise en lumière dans notre étude paraît absolument évidente : les personnes capables de se focaliser sur ce qu'elles vivent et possèdent et non sur ce dont elles manquent, éprouvent les plus grandes sensations de bien-être, de plaisir et de gratitude. Chaque être humain a des problèmes et il nous manque à tous quelqu'un ou quelque chose qui nous aurait permis de dire que nous serions pleinement heureux si nous l'avions ; cependant, la capacité d'accepter et d'aimer ce que nous avons – que nous sous-estimons toujours – semble être la clé pour affronter la vie et rencontrer le bonheur.

De mon enquête surgit une conclusion qui m'émeut et me paraît juste. Elle est associée à la phrase « Ce n'est pas celui qui possède le plus qui est le plus heureux, mais celui qui a le moins de besoins». Ce concept de besoin implique tous les aspects de l'être humain, car il n'est pas uniquement économique ou matériel, mais relève de l'appréciation subjective que nous avons du fait de posséder. Peut-être est-ce en raison de cette appréciation que la pauvreté rurale paraît plus digne que la pauvreté urbaine, car dans les villes nous sommes bien plus bombardés de besoins présumés. Aussi tous les jours se produit-il un conflit entre les expectatives, l'offre médiatique et la frustration de ne pas pouvoir posséder tout ce que l'on me fait miroiter.

L'une des conclusions les plus fortes pour moi et qui m'a conduite dans l'étude à de nombreuses contradictions et questions est la suivante : nous vivons comme nous voulons vivre. Bien sûr, de cette conclusion, il faudrait exclure des centaines d'endroits – aussi bien dans notre pays que dans les autres – où les gens ont beau avoir de la volonté, de l'envie, de la détermination et l'attitude adéquate, mais ne parviennent pas à trouver les moyens de développer leurs talents. Cependant je dois reconnaître qu'au cours de mon enquête, j'ai rencontré beaucoup de personnes qui sans avoir l'opportunité ni les ressources, ont surmonté des milliers d'obstacles en ayant l'envie de s'en sortir. Elles sont arrivées à le faire grâce à leur obstination, à leur bonne humeur et, par-dessus tout, sans écouter le chœur des aigris qui leur ressassent à longueur de journée qu'elles ne seront pas capables. La détermination est sans aucun doute le secret pour franchir les barrières qui se dressent devant nous.

Si vous lisez entre les lignes ce que je viens de décrire, vous verrez émerger un concept qui, selon mon humble opinion, est le grand concept du XXIe siècle, au moins en ce qui concerne l'éducation et la santé ; c'est un concept qui semble passé de mode et dont les gens parlent peu et, ce qui est plus grave encore, c'est qu'il n'y a pas de motif suffisant pour le mettre en pratique, puisque aujourd'hui nous avons rendu notre vie facile et rapide. Ce concept remet le travail entre les mains de l'être humain lui-même et lui permet de prendre en charge sa vie. Les résultats que nous parvenons à atteindre dans l'existence dépendent du bon usage de ces mots : **la force de volonté**.

La volonté d'être heureux

La force de volonté est celle qui permet de « polir » l'âme face aux difficultés, ce qui nous permet de valoriser le fruit d'un travail bien fait et de comprendre que ce qui s'apprécie vraiment dans la vie est ce qui nous a coûté le plus d'efforts.

Faute d'avoir assimilé ce concept fondamental, nous sommes en train de construire une société qui fonctionne avec des boutons, dans laquelle le mécanisme « *on/off* » nous montre combien tout est rapide et facile, dans laquelle nous préférons les escalators aux escaliers, les ascenseurs plutôt que de monter à pied, dans laquelle nous voulons que nos voitures soient garées à côté du lieu où nous allons, dans laquelle si nous allons au restaurant nous nous sentons obligés de manger tout le pain de la corbeille parce qu'il est compris dans l'addition, mais sans même nous demander si c'est sain ou non. Cela montre que nous n'avons pas encore assimilé dans nos têtes ce mécanisme à travers lequel on arrive à faire des choses par volonté et non parce que « c'est comme ça » ou parce que « je dois les faire ».

Actuellement, les écrans (le « Dieu écran » comme je l'ai appelé) ont envahi nos maisons, nos chambres et nos vies émotionnelles, ce qui ne serait pas grave si nous étions vraiment conscients que les allumer ou non dépend de l'exercice de notre volonté et non du hasard. Aujourd'hui, ironiquement, ces écrans (ceux des télévisions, des ordinateurs, des téléphones portables et des tablettes) sont de plus en plus légers et leur esthétique est de plus en plus attrayante, ils se rient presque de nous qui sommes chaque jour plus massifs, plus obèses et plus sédentaires.

Un autre bon exemple de notre insuffisance de force de volonté apparaît sans aucun doute dans le changement du rôle éducatif des parents qui, pour éviter le conflit et la souffrance des enfants, leur font plaisir en tout : ils leur demandent ce qu'ils veulent manger et les couvrent d'un tas de choses qui, à la longue, laissent leur âme insatisfaite, produisant des enfants au caractère faible, qui n'ont plus de tolérance à la frustration, sont impatients, ont une énorme capacité à s'ennuyer et partant, une faible capacité à créer, qui sont en permanence insatisfaits de tout avec une pauvre ou nulle disposition à remercier.

Les parents qui sont à leur place sont des parents disposés à payer le prix d'être désagréables dans l'éducation de la volonté, des parents qui « râpent et polissent l'âme de leurs enfants » chaque fois que c'est nécessaire, parce qu'ils ont la certitude que c'est dans l'éducation de la discipline que réside le secret pour que leurs enfants soient demain les meilleures personnes qu'ils puissent être.

Il y a beaucoup plus d'exemples de la perte de conscience de la volonté que ceux que je viens de mentionner ; l'un de ceux qui m'émeut peut-être le plus, et que j'aime beaucoup rappeler, est le fait de prendre conscience que nous devons recommencer à imprimer ou à faire développer les photographies, comme nous le faisions autrefois. La plupart de nos parents et de nos grands-parents ont perdu le droit d'avoir des photos dans leur maison à cause de l'égoïsme de notre génération. Les photos que les personnes âgées ont chez elles sont en noir et blanc, et datent des années quatre-vingt-dix. C'est lié au fait qu'elles attendent que leurs enfants leur offrent ou leur apportent des tirages afin de pouvoir les voir, car beaucoup de nos aînés ne sont pas amis avec le « Dieu écran » et ont du mal à visionner autant d'images accumulées dans un petit appareil.

Lors du pèlerinage que j'ai fait dans mon pays après le tremblement de terre et le raz-de-marée, la seule chose que me demandaient les gens, c'était de les aider à retrouver des photographies, parce que c'était les seules traces qui leur donnaient l'impression que la vie continuait, ayant perdu tout le reste. À la mine de San José, après l'accident qui a enseveli trente-trois mineurs sous terre, c'était pareil : pour les familles des victimes, il était moins angoissant d'avoir la photo du mari ou du fils que de regarder la terre et sentir qu'ils étaient sept cents mètres plus bas.

Aujourd'hui, toutes nos photos sont enregistrées sur des appareils qui peuvent s'égarer, être volés, hackés ou simplement ne plus fonctionner ; et si tel est le cas, nous allons perdre notre histoire. De plus, très souvent, nous rangeons les photos dans des dossiers que nous appelons par exemple « Été 2012 » et où nous incluons plus de six cents photographies. Six cents photographies ! Quelle famille va s'asseoir pour regarder six cents photos, alors qu'avant nous étions contents d'en posséder trente-six, et que nous n'en avions pas besoin de plus ?

Il y a des gens qui ont enregistré de la musique sur différents supports et même s'ils marchaient jusqu'en Alaska, ils ne parviendraient pas à écouter toutes ces chansons. Je ne suis pas en train de vous dire par là que c'était mieux avant, je crois au contraire que la technologie apporte des choses merveilleuses auxquelles nous n'aurions jamais pensé et qui sont de vrais cadeaux ; je dis simplement que nous devrions réfléchir à l'usage que nous en faisons, pour que nous restions les maîtres des machines et non l'inverse, comme c'est le cas actuellement et qui nous ramène au concept de force de volonté que nous venons de décrire.

Cette question de la volonté comporte aussi un autre aspect que je ne veux pas laisser de côté et qui est en relation avec la tendance que nous avons à construire des systèmes sociaux chaque fois plus centrés sur les droits, mais avec une piètre conscience des devoirs. Je considère merveilleux qu'il y ait une conscience des droits dans tous les domaines, car elle nous rend plus dignes et nous protège contre les abus et les excès de pouvoir. Cependant, puisque tout excès est mauvais, je crois qu'aujourd'hui personne ne parle plus de devoirs, ce qui nous conduit à évoluer dans une société dont nous sommes tous responsables et où nous avons tous des exigences, mais, à la longue, très peu de générosité. Comme je le disais, seule la volonté nous pousse à nous prendre en main, nous permet de ne pas devenir des assistés et nous amène d'abord à nous demander « Que puis-je faire ? » et non « Qu'obtiendrai-je en échange de ce que je fais ? ».

Un autre exemple de l'application de la force de volonté est lié aux choses faites maison. Je vous demande, surtout à vous qui avez plus de trente-cinq ans, de vous souvenir de vos anniversaires d'enfant et de vous rappeler si pour votre fête on avait acheté une tarte ou un gâteau chez le pâtissier ; probablement 90 % d'entre vous me diront, avec un sourire aux lèvres, que non, que le gâteau avait été préparé à la maison deux jours à l'avance et que, généralement, il était un peu tordu et branlant. La seule manière de l'embellir était de le fourrer ; si on le fourrait à la confiture de lait (qu'il fallait en ce temps-là faire bouillir), nous devions la verser tiède dans le biscuit pour que celui-ci ne se casse pas. Mais avec la chaleur, les petites billes de couleur ou de chocolat servant de décorations se mettaient à fondre, donnant à la pâtisserie le lendemain une couleur vert bleuâtre. Parfois, on achetait ces petites perles d'argent diposées sur les gâteaux de mariage et qui ne se mangent pas, mais avec lesquelles on pouvait jouer un moment avant de les disperser un peu partout dans la maison.

Si, en lisant ces lignes, je vous ai fait penser à quelque chose d'imparfait, quelque chose fait maison, à quel moment avons-nous imaginé que lorsque nous ne serons plus sur terre, ceux que nous aimons se souviendront d'une tarte ou d'un gâteau acheté à la pâtisserie ? Ces gâteaux sont merveilleux, parfaits et nécessaires en bien des occasions, mais rien ne remplacera l'imperfection, l'affection, le désordre et même la saleté que laisseront joyeusement les choses faites à la maison. Or cette attitude dépend de l'application de la volonté, de l'effort conscient pour « se compliquer la vie », effort que je crois nécessaire de retrouver.

Je sais que ce que je viens de vous dire sonne politiquement incorrect, mais je ne vais pas cesser d'insister sur le fait que, indépendamment de nos faiblesses (y compris les miennes), revenir à l'exercice de la volonté à travers l'établissement de rites – rites quotidiens tels que s'asseoir à table pour manger et éteindre alors la télé, mettre le téléphone sur silencieux lorsque nous conversons avec quelqu'un, regarder l'autre dans les yeux lorsque nous lui parlons, préférer le contact direct à la relation virtuelle, la caresse à l'e-mail –, tous ces rites sont toujours préférables pour la famille que vénérer en permanence le « Dieu écran » au détriment des liens affectifs réels.

En ce qui concerne les deuils – dont nous parlerons plus en détail dans un prochain chapitre – l'une des manières d'accepter la perte d'un être cher, même si nous n'arrivons jamais à la surmonter définitivement, peut se faire à travers les souvenirs, mais pas n'importe lesquels. Je ne peux pas me rappeler constamment ce que l'autre faisait bien avant de s'en aller, sinon je pleurerais toutes les larmes de mon corps et la douleur m'empêcherait de vivre. Ce que nous faisons tous, nous qui avons perdu un être cher, c'est de nous souvenir des imperfections et des conduites absurdes que l'autre avait, parce que par magie, elles nous font rire et, sans aucun doute, nous aident à cheminer avec la douleur.

Celà n'est pas un détail mineur, car lorsque nous nous demandons quel souvenir nous aimerions que les autres gardent de nous après notre mort (question que nous devrions d'ailleurs nous poser tous les jours), nous faisons souvent fausse route en croyant qu'il nous faut construire une vie parfaite, alors que paradoxalement, les autres se souviendront justement de nos imperfections et de nos maladresses qui les feront sourire en notre absence.

Il faudrait ajouter à cette analyse un aspect qui n'est pas moins significatif: ce dont nous nous souvenons de quelqu'un lorsqu'il s'en va n'a rien à voir avec des valeurs matérielles. C'est la raison pour laquelle tous nos efforts pour acheter des choses afin de faire plaisir aux autres perdent leur sens lorsque moi ou l'autre disparaissons. Je n'ai jamais assisté à des funérailles – et croyez-moi, je suis allée à bien plus d'enterrements que je ne l'aurais souhaité – où l'on remercie le défunt de nous avoir acheté un téléphone portable, un téléviseur à écran plat ou toutes ces choses qui nous ont pris le temps que nous aurions pu consacrer à ce qui était affectivement important.

En révisant notre recherche sur le bonheur, on découvre différentes choses ; la première, c'est qu'elle ne dit rien de nouveau ; la deuxième, c'est qu'elle éveille le sens commun qui, comme je le disais plus haut, est le moins partagé des sens ; la troisième, c'est que d'une certaine manière cette étude devrait nous toucher dans l'âme, soit parce qu'elle nous a émus, soit parce qu'elle nous a fait voir quelque chose que nous n'avions pas vu, ou encore parce qu'elle nous a arraché un sourire. Quel que soit le point de vue où je me place pour évaluer notre recherche, je dois reconnaître que lorsqu'un travail est réalisé, indépendamment de sa nature, il y a toujours un tiers des personnes le recevant qui n'y comprend rien, quoique je dise ou fasse. Bien sûr, je n'écris pas pour ce tiers, mais pour les deux autres tiers restants qui sentent que, d'une manière ou d'une autre, ce qui a été dit peut leur être utile.

Cette investigation, et j'en suis consciente, lorsqu'elle s'applique en mobilisant la volonté, peut changer des vies et peut devenir le premier pas pour prendre la décision d'être heureux ; en remerciant d'avoir pu donner et d'avoir reçu et en nous recentrant sur ce que nous possédons et non sur ce qui nous manque.

2

La douleur : une compagne de voyage

Écrire sur la douleur a été un processus intime et solitaire ; au début, j'ai eu besoin d'être seule, parce qu'il semble que prendre contact avec elle nous ramène à nos fragilités, à nos émotions simples et complexes et, d'une manière générale, au plus profond de notre existence.

Je ne connais personne qui ait appris des choses significatives ou changé ses priorités dans la vie en étant pleinement heureux – j'entends ici par bonheur un synonyme de joie et non une décision, comme je l'ai mis en évidence dans le chapitre précédent. Tous les apprentissages se produisent seulement à travers des processus douloureux, et c'est dans les leçons que nous en tirons que réside le secret de notre évolution spirituelle et affective.

Un colis non commandé

La définition de la douleur est simple et vous pouvez la trouver dans n'importe quel dictionnaire : c'est une sensation subjective déchirante, qui bien souvent fait mal partout et à travers laquelle beaucoup d'entre nous ont pu vérifier que l'âme existe, car nous ressentons vraiment la présence de notre âme quand nous souffrons. La douleur est un colis qui arrive dans nos vies, la plupart du temps sans que nous l'ayons commandé, et directement à domicile. C'est un « paquet » laid d'aspect, qui lorsque nous le recevons nous fait nous demander : « Pourquoi moi ? Je n'en veux pas. » Nous cherchons alors les moyens de le refuser, de le renvoyer. Cependant, lorsque nous nous apercevons que nous ne pouvons pas le faire, nous commençons à vivre une série de processus qui essentiellement sont des conduites visant à nous arracher à ce « paquet » qui est devant nous et que nous ne pouvons cesser de regarder.

Dans l'introduction de ce livre, j'ai affirmé que l'une des illusions les plus grandes et les plus fréquentes dans notre société moderne consiste sans doute à croire que nous avons gagné contre la douleur. Cette illusion se nourrit de médicaments, de bruits, de tâches quotidiennes et même d'addictions qui nous font sentir de manière illusoire que nous pouvons repousser la douleur en l'anesthésiant, en la bloquant ou en la cachant dans l'une des parties de notre structure mentale, d'où pourtant elle essaiera toujours de sortir pour que nous la prenions en charge.

Les douleurs psychologiques peuvent être nombreuses et avoir des causes diverses : elles peuvent se présenter comme des conflits, sous forme de luttes ou de discussions, de pertes, de maladies et de tous types de deuils, qui arrivent concentrés dans ce colis présenté devant nous comme quelque chose de désagréable que nous ne voulons pas accepter.

Je crois fermement que si nous osons regarder ce paquet avec peur, avec mille questions, mais aussi avec la curiosité de savoir non pas **« pourquoi il est arrivé »** mais **« dans quel but il est arrivé »**, c'est alors que commence une aventure de transformation à laquelle nous sommes tous invités. Ceux qui osent accepter ce colis et l'ouvrir découvriront en cheminant avec lui qu'il contient de nombreuses propositions et des incitations à grandir et, pourquoi pas, des cadeaux qui devraient nous permettre de mûrir et de nous fortifier en tant que personnes.

Je dois reconnaître que lors de nombreuses situations douloureuses de ma vie, beaucoup de proches m'ont dit des phrases telles que : « Pilar, après cette épreuve tu sortiras fortifiée », consolation qui bien souvent m'a mise en colère, m'a frustrée et m'a fait crier : « Je ne veux pas être plus forte ! Je n'ai pas envie de me fortifier ! » Cependant, je ne peux m'empêcher de reconnaître qu'à avancer sur le chemin de la douleur, ou pour dire mieux, à marcher dans la vie avec la douleur comme compagne de voyage, les résultats furent, sans aucun doute, plus que positifs.

Dans nos pays – dans certains plus que dans d'autres –, il n'y a pas beaucoup de respect pour la douleur d'autrui. D'abord, nous avons perdu la capacité de nous étonner, c'est pourquoi le plus souvent nous paraissons indolents, froids et imperturbables devant la douleur des autres. Ensuite, nous tendons littéralement à presser les personnes qui vont mal, probablement pour qu'elles cessent d'être un problème dans nos vies ou parce que nous ne savons pas comment les aider ni quoi leur dire, conduite qui, au final, les amène à vivre leur douleur en solitaire et à exprimer de moins en moins leur chagrin de crainte d'être réprimandées. Il est tout à fait prouvé que l'expression émotionnelle, c'est-à-dire la capacité émotionnelle à verbaliser et à reconnaître notre ressenti aussi bien en nous-mêmes que chez les autres, est une condition extrêmement importante pour la santé mentale et physique des êtres humains.

Si je m'exprime de manière basique et simpliste comme psychologue, en me demandant quelles sont les émotions essentielles que tout être humain devrait reconnaître en soi, les exprimer quotidiennement et, de plus, les reconnaître chez l'autre, celles-ci seraient au nombre de quatre et j'en ajouterai une cinquième qui n'est pas vraiment une émotion, mais plutôt un état émotionnel dérivant probablement de notre modernité, un état qu'il est de plus en plus important de savoir identifier. Ces quatre émotions sont la joie, la peine, la peur et la colère, et l'état émotionnel mentionné que nous devrions pouvoir décrypter est l'angoisse. Sans aucun doute, ces cinq émotions prennent racine dans le corps, c'est-à-dire que nous les sentons physiquement ; en plus, chacune d'elles vient accompagnée de pensées ou de processus cognitifs qui augmentent ou diminuent certaines sensations corporelles, ce qui nous permet de nous rendre compte que nous vivons ces émotions et que, par conséquent, nous pouvons les extérioriser. Il en va de même lorsque nous observons une autre personne et que nous nous rendons compte de l'état émotionnel qu'elle est en train de vivre. Cependant, dans beaucoup de nos pays, nous rencontrons de grandes difficultés pour reconnaître et exprimer toutes ces émotions.

La joie, en premier lieu (comme nous l'avons déjà vu dans notre recherche sur le bonheur) ne peut pas s'exprimer dans de nombreux pays, car elle est associée à une perte de contrôle des impulsions et, par extension, à un manque d'intelligence. Ici, je dois exclure des pays comme l'Argentine, la Colombie, l'Équateur où rire – et rire fort – fait partie d'une expression sociale quotidienne.

La peine est souvent considérée dans beaucoup d'endroits comme une manifestation de faiblesse et de fragilité ; ainsi, si quelqu'un s'émeut, s'il a la gorge serrée et que des larmes lui montent aux yeux, on dira à tort « Cette personne est brisée », soulignant par cette phrase qu'elle a perdu son maintien, sa circonspection et sa tempérance. Ici se cache la présomption selon laquelle quelqu'un qui a les yeux pleins de larmes devrait feindre d'avoir un chat dans la gorge ou tousser afin d'atténuer ses sanglots et qui, en plus, devrait demander pardon pour un tel moment de défaillance. C'est terrible, me semble-t-il, et sans doute malsain, que quelqu'un doive s'excuser d'avoir beaucoup ri et encore d'avoir eu de la peine… Là sont peut-être les causes de beaucoup de nos maladies physiques et socio-culturelles.

Dans plusieurs pays, y compris le mien, il est courant qu'un « bon enterrement » est celui où la veuve est littéralement droguée. Quand mon mari est mort, j'aurai pu monter une pharmacie avec tous les médicaments – des plus naturels aux plus chimiques – qu'on m'a offerts ce jour-là ; l'offre était toujours la même : « Prends ça Pili, pour que tu sois plus tranquille, ça ne va pas te faire dormir. » Lorsque je protestais que je ne voulais pas être tranquille, je pouvais voir l'étonnement sur le visage de tous et quand j'expliquais que je venais de perdre ce que j'avais de plus cher au monde et que si ce jour-là mon pays, celui que j'aime, ne m'autorisait pas à crier ma douleur, alors quand pourrais-je le faire ? Il semble que face aux grandes peines, il faille montrer une force mal comprise qui implique de ne pas exprimer la douleur pour paraître « digne », sans comprendre que la grande condition de la santé et de la véritable force consiste non pas à nier l'émotion, mais à l'extérioriser et ressentir notre fragilité pour que d'elle sorte l'énergie qui permet de supporter n'importe quelle douleur.

Nous serons toujours plus fort si nous sommes capables de nous reconnaître faibles quand nous éprouvons la douleur. «Jouer au dur» et ne pas montrer ses émotions semblerait relever davantage de la fragilité et de la peur que d'une force et d'une maturité réelles.

La peur, en tant que troisième émotion a muté et a changé de signification au cours du temps. Lorsque j'étais adolescente et que j'avais peur de quelque chose, je me disais intérieurement que je ne devais pas m'en approcher parce que cette émotion m'informait que j'étais devant une possible conduite à risque pour moi. Aujourd'hui, cependant, peut-être parce que nous sommes émotionnellement anesthésiés, la peur s'est transformée en un câble qui nous connecte avec la sensation d'être en vie, de sentir l'adrénaline, de prendre contact avec notre propre corps et avec nos émotions les plus primaires. Aussi dans beaucoup de circonstances, la peur est-elle devenue une émotion irrésistible, attractive, qui appelle à être vécue. Les parcs d'attractions sont un exemple caractéristique de cette peur attirante. Étant petite, lorsque j'y allais, j'ai eu la plus grande montée d'adrénaline dans un manège, sur un dauphin en écoutant de la musique classique. Alors que je tournais, je faisais des signes de la main à mes parents qui m'attendaient. J'éprouvais le plus grand vertige, lorsque le manège ralentissait, et que je revoyais une fois encore les visages de mes parents… C'était comme un voyage d'indépendance et de jeu. Aujourd'hui, si un défibrillateur cardiaque ou une ambulance n'attendent pas les clients à la fin du tour, le jeu semble ennuyeux et n'est plus autant fréquenté. Pour que ces jeux s'avèrent attractifs, il est important qu'ils fassent très peur, c'est une condition pour pouvoir crier, pleurer et même réclamer que le manège s'arrête tout de suite, en descendre pour aussitôt y remonter et expérimenter de nouveau la sensation extrême que mon corps est bien vivant.

La peur est aujourd'hui mise à l'épreuve dans la mesure où nous jouons avec elle mais, selon moi, elle a dangereusement cessé d'être protectrice. Dans certains groupes, le plus courageux est celui qui essaie les drogues, et non pas celui qui dit non ; celui qui conduit à toute vitesse, et non pas celui qui est prudent et respecte le code de la route.

Maintenant, nous arrivons à la colère, émotion qui est devenue étrangement plus populaire que les précédentes. Je dis plus populaire car actuellement c'est l'émotion qui régule pratiquement toute notre communication sociale. « Si je me fâche, tu me vois ! » semble être la consigne, car si je parle fort, si je crie, si j'insulte, si je manifeste ma colère, alors je suis visibilisée, reconnue, valorisée et considérée par l'autre. La colère est également l'émotion la plus présente sur les réseaux sociaux, où, masquées par l'anonymat, les personnes se sentent le droit de détruire et de manifester leur rage sans aucune retenue et sans disposer de l'empathie nécessaire pour pressentir comment l'autre va recevoir cette violence.

La colère, comme toutes les émotions, a aussi des aspects positifs, notamment quand elle me permet de me protéger et de me défendre instinctivement contre ce que je pourrais qualifier d'ennemi. C'est précisément cette colère instinctive et primitive, et non la colère élaborée et bien exprimée d'un adulte mûr, qui, malheureusement, gouverne nos communications quotidiennes.

Même si je pouvais penser qu'un sourire ouvre plus de portes qu'un visage crispé, nous pensons néanmoins que si nous nous mettons en colère tout sera plus rapide et efficace. Les gens aimables semblent invisibles et peu soutenus positivement. On considère comme courageux et audacieux celui qui crie fort pour faire valoir ses droits et on prend pour un « intello » abruti et idiot celui qui le fait de manière cordiale.

Nous nous approchons, je pense, d'un point dangereux avec ces émotions, car en ne les exprimant pas ou en les exprimant mal, nous sommes en train de tomber malades et de perdre la possibilité de développer des vertus comme l'humilité, la tempérance, la prudence et la patience.

L'état émotionnel de l'angoisse est la merveilleuse expression corporelle de toutes les émotions mal vécues et qui s'expérimente toujours face à l'anticipation d'un futur que nous visualisons cognitivement comme négatif. Dans le corps, l'angoisse se traduit par une oppression dans la poitrine, et se manifeste par une respiration courte avec de nombreux soupirs et par une sensation de paralysie émotionnelle et comportementale qui nous pétrifie, sans la possibilité d'exécuter une action qui nous libère. En fait, bouger et agir semblerait être un des secrets pour gérer l'angoisse. L'angoisse ne survient jamais en réaction à un danger présent ; dans le présent nous pouvons éprouver de la peine, avoir peur ou être en colère, mais c'est avec l'anticipation d'un danger supposé, qui n'est pas encore arrivé, que l'angoisse surgit. C'est peut-être pour cette raison que nous obtenons de si bons résultats dans les ateliers où l'on apprend à respirer profondément pour se connecter avec le présent et se poser ensuite les questions suivantes : « Où suis-je ? » et « Que suis-je en train de faire ? ». Lorsque nous nous posons ces interrogations, l'ancrage dans le présent est immédiat, et arrivés à ce point nous découvrons que l'angoisse diminue.

Je dois reconnaître que dans les périodes de forte angoisse de ma vie, j'ai passé toute la journée à me poser ces deux questions, à tel point que je riais de moi-même à cause de la terrible difficulté que j'expérimentais quand je traversais des états de douleur liés au présent. Quand je me douche, je suis déjà en train de penser à comment je vais m'habiller, quand je m'habille, je pense à ce que je dois faire, etc. Aussi je ne vis pas le présent alors que c'est bien la seule chose tangible que nous ayons.

À analyser notre difficulté pour cohabiter quotidiennement avec ces émotions simples ou ces états émotionnels, nous comprenons pourquoi nous avons tant de mal à assumer nos fragilités et à tirer les leçons que la douleur nous enseigne.

Mais à vouloir accélérer les processus propres à la douleur pour qu'elle passe au plus vite, nous faisons comme si nous ramassions des fruits verts qui ont encore besoin de temps pour mûrir. Les douleurs doivent être respectées, écoutées et chéries, oui chéries, et je dirais même plus, caressées par nous-mêmes d'abord, pour être ensuite respectées et écoutées par ceux que nous aimons. Les douleurs atteignent alors leur point de maturité et peuvent être digérées émotionnellement et incorporées à l'histoire de notre vie de manière saine, positive et complète.

On ne peut pas s'arracher à sa douleur

Même si nous croyons le contraire, il est impossible de s'arracher à sa douleur ; il en est d'elle comme des fantômes ou des antiques oracles grecs : plus j'essaie de la chasser de moi plus elle grandit à l'intérieur de moi. Je peux avoir l'illusion que je lui ai échappé grâce à différents moyens, comme les médicaments – qui sont nécessaires, c'est certain, en de nombreuses occasions –, les voyages, en m'assourdissant de bruits, en m'abandonnant aux drogues, mais finalement la vie nous confronte toujours avec ce que nous croyons avoir arraché et à ce moment-là, nous nous apercevons que le paquet-douleur est encore plus volumineux qu'au début.

L'un des comportements d'évitement des douleurs est associé aux bruits, c'est-à-dire au fait d'être « branché », mais chaque fois plus isolés, avec le « Dieu écran ». Un dieu qui nous arrache à ce que nous vivons dans le présent et nous connecte avec des gens qui nous sont étrangers. Il semble qu'être connecté soit plus facile que de regarder ce qui se passe dans notre propre cœur ou chez les êtres qui nous sont chers.

Les addictions, en particulier les drogues et l'alcool, semblent être de nos jours le meilleur moyen pour s'arracher à la douleur. À travers les drogues on accède à un état spécial où tout paraît merveilleux tant qu'on le vit ; mais après, lorsque l'effet s'estompe, la douleur qu'on a voulu fuir, revient inexorablement. Ces remarques sont particulièrement justes chez les jeunes parce qu'ils appartiennent à une génération « *on/off* » – ainsi que je l'ai décrit dans *Je ne veux pas grandir*. Ils écrivent sur leur tablette ou leur ordinateur ce qu'ils n'arrivent pas à exprimer directement. Ces moyens d'évasion comme l'alcool ou les drogues leur permettent de dire ce qu'ils n'osent pas dire et d'exprimer leurs émotions. C'est ainsi qu'ils peuvent pleurer, rire, parler, manifestations qui seraient impossibles à extérioriser s'ils étaient dans un autre état.

Sur ce point, je voudrais ici faire une exception en relation avec la question pharmacologique, car je ne veux pas que vous pensiez que dans ce processus de chérir et de regarder la douleur comme quelque chose de naturel, nous ne devrions pas prendre de médicaments. Il y a des situations d'angoisse et de tristesse que nous ne pouvons traverser seuls, ainsi que des personnes qui, pour diverses raisons, n'ont pas la capacité de tolérer des situations de douleur intense. Dans ces cas comme dans d'autres, prendre des médicaments peut être d'une grande aide afin que les mécanismes cognitifs s'activent de manière claire et que nous puissions ensuite avancer sur le chemin qui nous permet de tirer des leçons du processus douloureux et, par conséquent, pouvoir regarder la douleur sans autant de blocages corporels.

Quant à savoir si l'usage de ces médicaments sera transitoire ou permanent, cela dépendra de la structure de la personnalité, de la situation et d'autres variables individuelles. Je crois, sans aucun doute, que nous, les êtres humains, pour être bien, nous devrions faire un effort de volonté afin de dépendre le moins possible d'éléments extérieurs. Cependant, ce n'est pas toujours possible et si les médicaments ne permettent pas d'éliminer la douleur, ils peuvent souvent aider à mieux cheminer avec elle.

Regarder la douleur, la toucher, se faire ami avec elle et ne pas la combattre, ne pas s'énerver contre elle puisqu'elle est là, est certes une démarche délicate, mais croyez-moi, beaucoup moins compliquée que toute la force psychologique requise pour faire comme si elle n'était pas là. C'est beaucoup moins compliqué que toutes les stratégies qu'utilisent notre esprit et notre corps pour ne pas écouter ce qui à l'intérieur de nous crie lorsque nous sommes en silence, lorsque, la nuit, nous éteignons la lumière, lorsque nous nous douchons ou sommes seuls au volant de notre voiture, ou encore lorsqu'il survient un événement qui nous rappelle les vérités, les misères et les merveilles habitant à l'intérieur de notre âme.

Nous avons tous vécu l'expérience d'une douleur enkystée dans l'âme. Ces rancœurs, ces colères qui nous font rompre toute communication avec un être cher et qui nous éloignent de quelqu'un que nous avons pourtant beaucoup aimé ou qui fut important dans notre vie. Ces colères sont des moments difficiles qui nous renvoient à nos zones d'ombre, à nos limites et au point où notre ego et nos vulnérabilités sont mis en jeu. Les processus de réconciliation sont un mystère et ils sont tellement individuels qu'il est impossible de les juger. Mais il est essentiel de reconnaître que le grand travail de l'âme avec les douleurs est d'essayer de les guérir en tirant des leçons et en reconnaissant notre responsabilité dans le conflit. En ce sens, le pardon est clairement un cadeau que l'on se fait à soi-même plus qu'à l'autre. Le travail du pardon devrait se faire immédiatement, en présence de la douleur elle-même, et non avec son souvenir car, en général, les choses douloureuses nous ne les oublions pas. Ce qui fait que la solution est dans la douleur elle-même, laquelle peut se guérir parfois avec une aide extérieure et d'autres fois avec le seul travail individuel, grâce auquel nous apprenons à nous détacher de la souffrance en recherchant la paix qui nous fait tant de bien. Ce travail personnel est fondamental, car, comme l'ont affirmé certains théoriciens, on ne nous fait jamais mal. Ce qui génère la douleur, ce sont nos attentes, les expectatives que nous avions mises dans une relation ou dans une situation qui ont été déçues.

Il y a tant de gens qui cheminent dans l'existence avec des rancœurs, des jalousies et des rages larvées, que si nous travaillions sur ces faiblesses à la recherche de la paix intérieure, assurément le monde deviendrait meilleur.

Les Orientaux affirment que l'attachement est l'une des principales causes de la souffrance humaine, mais ils ne se réfèrent pas seulement aux choses ou aux affects en général, ils considèrent aussi les rancœurs et les colères comme étant les expressions les plus claires du manque de liberté humaine, car ces passions nous enferment dans un monde où nous ne pouvons plus voir la beauté et par conséquent l'accès à la paix devient impossible.

Ne pas avoir de rancœurs larvées ou marcher dans la vie avec des « bagages légers », semble être la clé pour affronter la vie en général, la vieillesse et, bien entendu, la mort.

Après avoir décidé de regarder la douleur en face, de manifester et de reconnaître nos émotions et d'essayer de devenir amis avec notre « colis », j'aimerais maintenant vous inviter à parcourir deux chemins de la douleur : le premier est inévitable, le deuxième, grâce à Dieu, ne touche pas tout le monde mais nous pouvons tous apprendre beaucoup de lui. Ces chemins qu'il m'intéresse d'approfondir, chemins que j'ai vécus et au sujet desquels j'ai fait des recherches, sont la mort et le cancer.

3

La seule certitude : la mort

Facundo Cabral, une personne qui m'est très chère, disait que l'homme est un être étrange : « Naître, il ne l'a pas demandé ; vivre, il ne sait pas ; mourir, il ne veut pas... » Que de raison dans cette phrase ! Si nous avons une certitude dans la vie depuis le jour où nous sommes nés, c'est que nous allons mourir. Désolée pour la mauvaise nouvelle, si vous ne le saviez pas, mais c'est inévitable : tous, sans exception, nous allons mourir.

J'ai la quasi-certitude que vous, qui lisez ces lignes, vous avez très peu parlé à vos proches de la manière dont vous voulez que se passe votre mort. Je pense ici à vos funérailles, à la manière dont vous souhaitez ou imaginez votre départ mais aussi aux craintes que vous avez à ce sujet. Si vous l'avez fait, je vous félicite, parce que c'est une preuve de santé. J'ai toujours pensé qu'une personne qui a conscience de sa mort a en même temps conscience de sa vie et que, partant, elle savoure la vie plus que celui qui nie la mort. Quelqu'un qui a conscience de la mort savourera davantage les choses simples, sera plus attentif à ses sentiments, ne laissera pas passer l'occasion de « voyager léger », et de s'endormir l'esprit tranquille.

Parler de la mort enlève un poids des épaules de ceux qui restent une fois que je serai parti ; ainsi ils n'auront pas à se préoccuper de « l'événement » et pourront se concentrer sur leur chagrin. C'est finalement un geste d'amour, car en laissant les choses claires au moment de partir, tous sauront ce qu'il y a à faire et ils auront la conscience merveilleusement tranquille de ceux qui respectent les dernières volontés du défunt.

Cependant, il y a beaucoup de gens pour qui parler de la mort, c'est « l'appeler », comme si précisément elle n'allait pas venir sans que personne ne l'appelle. Quand un pays prend conscience de la mort comme, par exemple, la Colombie, il jouit d'une fantastique capacité à profiter du quotidien, d'être reconnaissant et de valoriser la vie comme un cadeau dont on ne sait quand il s'achève.

Néanmoins, la mort ne se vit pas de la même manière dans tous les pays et dans toutes les cultures, et la manière dont nous devrions la vivre dépend du sens que nous lui donnons. Je dis « devrions », parce que, par exemple, pour les catholiques elle devrait être une joie provoquée par l'espoir de la résurrection mais c'est très loin d'être le cas. La mort est un déchirement, c'est une part de notre âme qui se détache de nous lorsqu'un être cher s'en va. Dès lors, nous ne serons plus jamais le même.

Clairement, peu importe comment l'autre s'en va – il n'y a pas de départ idéal –, mais la façon de vivre le deuil sera différente selon la manière dont la mort se produit.

Les quatre étapes du deuil

Toute perte comporte quatre étapes qu'il faudra inexorablement traverser si l'on veut vivre le processus de deuil sainement. Nous, les psychologues, avons établi que ces quatre étapes sont : le choc, la colère, la peine et, finalement, la réconciliation avec le deuil. Je voudrais d'emblée dire que ces quatre étapes ne sont ni séquentielles ni chronologiques. On peut les traverser en une journée et ce sera tout aussi normal que de rester fixé un temps dans l'une d'entre elles ou de sentir que l'on passe d'une étape à une autre puis, à cause de quelque chose d'inattendu, de revenir à ce que l'on croyait être l'étape antérieure. Il n'y a pas de règles ni de séquences théoriques, mais des individus et des histoires qui doivent être respectés. De fait, pour qu'un deuil soit considéré comme normal, il faut qu'une année entière se soit écoulée pour que toutes les dates importantes qui furent vécues avec le défunt soient passées – Noël, le premier de l'an, son anniversaire et le mien, « le jour de… », c'est-à-dire le jour que nous célébrions du vivant de celui qui est parti. Il faut donc revivre toutes ces dates anniversaires pour savoir si on est « enlisé » dans le deuil et qu'on a besoin d'une aide extérieure pour évoluer.

Quand je disais que, bien souvent, nous n'étions pas respectueux des peines de l'autre, et que nous le pressions de les surmonter, d'une part, par peur de ne pas savoir quelle attitude adopter et, d'autre part, pour pouvoir continuer nos propres vies, il en va de même à l'égard des deuils. En général, indépendamment des circonstances du décès, trois mois de deuil sont autorisés pour souffrir la perte, et encore, je suis généreuse. Passé ce temps, on devrait aller mieux et avoir tout assumé. Cette censure conduit inévitablement à ce que les chagrins se vivent dans la solitude et, par conséquent, le risque de maladie physique augmente, dans la mesure où la peine « s'enkyste dans l'âme comme dans le corps ».

Un des commentaires qui m'a fait rire lorsque j'étais en deuil, était qu'à cause de mes pleurs je ne laissais pas le mort se reposer. Cela faisait trois mois que j'avais perdu l'un des êtres qui m'était le plus cher, et moi, en plus de mon énorme peine, et de devoir arriver à me lever le matin et à continuer à vivre, il me fallait en plus prendre en charge son repos !

Il y a d'autres exemples qui témoignent du peu de respect des gens pour notre peine, ce qui nous empêche de vivre sainement nos deuils. C'est pourquoi les Orientaux disent que lorsque nous pleurons un être cher, en fait nous pleurons sur nous-mêmes et non sur ceux qui s'en sont allés. Je pleure sur moi, parce que je ne peux plus le toucher, plus sentir son odeur, entendre sa voix ou partager tel moment avec lui. La vérité, c'est que la peine du deuil est une peine égoïste – dans le bon sens du terme –, et qu'elle demande à être pleinement éprouvée pour pouvoir se transformer en un autre état.

En général, l'expérience de la douleur d'une perte, c'est comme se lever un matin et découvrir avec surprise une terrible inflammation dans un bras ; cette inflammation se voit à des kilomètres de distance, tout le monde la reconnaît, elle fait profondément mal et aucun médicament que l'on prenne, aucune parole ou aucun autre « remède » ne parviennent à diminuer l'inflammation. Comme on doit continuer à avancer dans la vie, lentement, après plusieurs jours de paralysie – due à l'intensité de l'inflammation et de la douleur – on commence à progresser avec cette douleur sur les épaules, ce qui permet de recevoir la compassion, au bon sens du terme, et l'accompagnement des autres qui en voyant la terrible lésion nous consolent, nous nourrissent et nous donnent leur affection pour essayer d'atténuer notre douleur. Avec le temps qui passe et au cours des mois, on apprend – avec des bons et des mauvais jours – à cheminer avec cette inflammation ; les spécialistes disent, ironiquement, que le temps aidera, mais on a la certitude que la douleur sera toujours là. Effectivement, avec le temps, la lésion semble diminuer, les autres déjà ne la perçoivent presque plus, comme si progressivement elle s'était rendue invisible ou que l'on était devenu expert pour l'occulter. Cependant, on sait qu'elle est là, qu'elle a pris une autre forme, qu'elle peut même arriver à se faire moins sentir ou ne plus se faire sentir du tout. Mais il suffit que surgisse une date, une odeur, une voix ou toute autre circonstance qui me la rappelle pour que la conscience de cette inflammation redevienne présente et acquière parfois la même netteté et la même intensité qu'au premier jour. Il se peut aussi que l'inflammation disparaisse, que personne ne la voie, mais celui qui a subi une perte dans sa vie sait que la déchirure est là.

Ce processus, comme je le disais en début de chapitre, passe par quatre étapes qui, j'insiste, n'ont pas d'ordre logique ni séquentiel, mais il est important de les vivre toutes, même si c'est conjointement et de manière désordonnée. Je voudrais ici mentionner comme facteur commun à ces quatre étapes, l'importance de communiquer et de converser sur la manière dont chaque personne libre et responsable traverse ces moments. Ici il n'y a pas de formule ou de schéma préétabli. Si la personne souhaite s'exprimer en parlant, en pleurant, en regardant toutes les photos ou au contraire en les rangeant, en jetant les habits du défunt ou en les gardant dans le placard pour un temps raisonnable, tout est bien dans la mesure où l'endeuillé est conscient du fait qu'il s'agit d'un processus, et qu'il faut rester flexible en s'adaptant aux changements que celui-ci implique.

La première étape, qui est celle du choc, est la négation de la perte, c'est la résistance à l'accepter comme une vérité, c'est penser, par exemple, que le défunt va arriver, que nous allons le voir assis là où il s'asseyait toujours, qu'il est parti en voyage mais qu'il va bientôt revenir, etc. L'endeuillé ne peut pas croire ou ne veut pas croire que l'événement a eu lieu. Cette étape est bien plus forte et intense lorsque la perte est soudaine ou inattendue, car comme nous le verrons dans le chapitre sur le cancer, le début de cette phase a lieu dès l'annonce du diagnostic et non à la mort du malade.

Un exemple très représentatif de la manière dont se vit cette étape du choc est ce qui est arrivé dans mon pays lors de l'accident d'avion dans l'archipel Juan Fernández, lorsque nous, les Chiliens, avons cru pendant longtemps que ce n'était pas vrai. Nous ne pouvions pas croire que ces passagers – par-dessus tout des personnalités très médiatisées – étaient décédés.

Généralement dans cette étape, et indépendamment des circonstances de la perte, la sensation d'être tout petit et insignifiant devant les «lois de la vie», est singulièrement intense. On commence à sentir que l'on a aucun contrôle face à l'existence humaine. C'est comme supposer que tout, absolument tout, peut arriver et cette impression engendre, dans la vie de tous les jours, un sentiment d'immense fragilité qu'il est souvent difficile de gérer.

Dans cette étape du deuil est mise à l'épreuve l'une des principales tendances que nous avons à vouloir tout contrôler dans la vie. Dans une société qui évite à tout prix d'avoir peur, où tout est fait pour nous protéger et pour que «rien» ne nous atteigne, l'apparition de la mort rompt l'équilibre que nous pensions avoir maintenu avec tant d'efficacité. Nos maisons sont équipées de toute sorte de systèmes de sécurité, nos banques sont là pour protéger ce que nous avons gagné, renforçant toujours l'idée que nous exerçons une maîtrise maximale sur nos vies. Ainsi sommes-nous toujours plus en sécurité, jusqu'à ce qu'arrive la visite inévitable de la mort et que l'on commence à comprendre que, dans la mesure où nous vieillissons, ce que l'on peut contrôler est infime et que la vie nous surprend à tout moment.

Il existe, par conséquent, une résistance à parcourir ce chemin, même si dans notre for intérieur nous savons que c'est inévitable. Nous mettons en pratique toutes les formules possibles pour rétablir les mécanismes de contrôle habituels qui nous portent à croire que l'autre va bien, qu'il faut occuper sa tête pour « ne pas trop penser » et tant d'autres échappatoires à partir desquelles nous allons retrouver les points douloureux qui ont changé notre vie et que nous avons essayé d'éviter.

Il est fréquent que l'étape du choc soit suivie par celle de la colère, laquelle se développe comme un mécanisme cognitif qui essaie de trouver une explication à ce qui nous arrive et pouvoir ainsi diminuer la peine. À travers cet exercice, qui est naturel et spontané, on essaie de trouver des responsables et la colère commence à se reporter sur la personne disparue, sur ceux qui éventuellement ont pu provoquer cette disparition, sur Dieu, si l'on croit en lui, ou sur la vie en général considérée comme la cause illogique de cette douleur. Après avoir traversé cette étape enragée qui, j'insiste, se mélange toujours avec les autres étapes, commence lentement à s'ouvrir l'espace de l'expression de la peine qui – espérons-le – pourra enfin sortir pure, libre et sans fard.

Cette colère entraîne de multiples interrogations qui nous renvoient aux aspects très profonds et essentiels de la vie, par exemple, si cette dernière est juste ou non. Si l'on faisait une coupe transversale de vie à cet instant, tout paraîtrait injuste. Je ne comprends pas pourquoi je suis en train de souffrir autant alors qu'il y a des gens pour qui tout est apparemment si facile, ou pourquoi il y a tant de gens méchants à qui il n'arrive jamais rien de négatif. Cependant, si l'on avait la patience de regarder en détail la vie des autres, on découvrirait qu'à la fin du cycle, même si nous n'avons pas tous vécu les mêmes situations, nous en tirons tous les mêmes leçons. Il est vrai aussi que les êtres humains ne sont pas tous venus sur terre pour apprendre les mêmes choses, et je suis convaincue, en raison des recherches que j'ai réalisées, que dans nos histoires nous n'avons qu'une seule question que nous travaillons : certains apprendront toute leur vie à devenir plus humbles, d'autres à contrôler leur anxiété, d'autres se battront avec le devoir d'être responsables, etc. Je crois que plus rapidement nous apprenons la leçon, plus rapidement la vie cessera de nous peser. Le grand défi semble être de découvrir le plus tôt possible quelle est la question qui nous habite et quelle leçon en tirer.

Dans ce processus, la colère est un bon mécanisme pour se poser certaines interrogations qui nous aident à repérer aussi bien les douleurs évidentes que les douleurs silencieuses qui ne se montrent pas et qui sont généralement vécues au dedans, sans être partagées. C'est pourquoi rien ne sert de comparer les douleurs d'autant qu'on n'a pas encore inventé l'appareil qui les « pèse ». Du coup, il devient inutile de confronter ma douleur à celle des autres. Cette tendance à comparer est très fréquente au stade de la colère et davantage encore au sein des familles car il semble inévitable – même si c'est malsain – d'entendre des phrases comme « J'ai beaucoup plus souffert que mes frères » ou « La vie m'a touché plus durement que les autres ». Ce qui est évidemment faux puisqu'il est impossible de mesurer la manière dont chaque personne traverse et vit la douleur… et parvient à la surmonter. Tout cela étant un processus individuel.

À cette étape également s'ouvre un espace infini de questionnements où l'on se demande si nous avons donné tout ce que nous pouvions à celui qui est parti ou si nous aurions pu faire plus pour lui. Il est évident que l'on pourrait toujours donner plus que ce qu'on donne, mais à l'intérieur de l'humanité et de la fragilité qui nous conditionnent tous, on finit toujours par donner seulement ce que l'on peut. Ces questions inévitables n'ont donc pas de sens et elles n'en ont pas parce qu'elles ne trouveront jamais de réponse de la part de celui qui nous importe. Dans beaucoup de cas, elles génèrent des culpabilités qui n'aident en rien le travail de deuil.

Il est important de reconnaître combien il est difficile, lorsqu'une personne que nous aimons nous quitte ou meurt, de sentir qu'il nous reste des choses à lui dire ou à faire ensemble. La sensation est horrible, le reproche est encore pire et n'a pas d'issue ; seul le travail du pardon paraît calmer ce moment critique.

Il y a une différence entre la « responsabilité » et la « culpabilité » ; face à la première, il est fondamental de clore le processus de deuil, nous avons alors parfois besoin d'une aide. D'autres fois, nous pouvons communiquer simplement avec celui qui est parti au moyen d'une lettre par exemple, une lettre que l'on brûle après l'avoir écrite. Ce geste peut suffire pour assainir cette étape. La culpabilité, en revanche, se traduit par un parcours sans fin de récriminations qui paralyse et enkyste le travail de deuil, car c'est une spirale sans fin.

Face à la culpabilité, il faut essayer d'être objectif, de reconnaître les responsabilités, d'analyser ce que nous aurions pu faire ou ne pas faire de mieux, de demander pardon ou de pardonner si c'est nécessaire et de poursuivre cette marche qui dure toute la vie.

Lorsque la colère a permis de mettre en évidence ces questions et d'autres encore, d'ordinaire nous entrons dans la troisième étape, qui est dominée par le chagrin ou par la rencontre avec cette tristesse tranquille qui atteste que nous assumons l'absence de l'autre. Cette tristesse est la première expression concrète de l'absence qui, tardivement, commence à se faire plus présente.

Il y a des périodes à l'intérieur d'un processus de deuil durant lesquelles l'absence se fige en une présence permanente et où il est littéralement difficile de « sortir l'autre de sa tête ». Tout semble nous le rappeler, et c'est très difficile d'effectuer n'importe quelle tâche sans que celui qui est parti ne soit quelque part dans mon monde émotionnel, ce qui nous rend plus fragiles. À l'intérieur de soi, on sait que l'autre est là, malgré le fait que l'on peut continuer à bien fonctionner au quotidien. Nous ressentons une peine qui devient alors le socle sur lequel nous construisons une quotidienneté qui nous semble factice, mais qui nous aide cependant à continuer d'avancer dans notre vie.

À mesure que je retravaillais cette étape du deuil avec l'équipe qui participa à notre étude, je me demandais pourquoi nous avions tellement peur de pleurer. C'est comme si nous sentions qu'en pleurant nous étions pris de vertiges et que nous nous enfoncions dans un tunnel obscur qui nous conduirait vers une dépression, état le plus flagrant du non-contrôle de notre humeur.

Pleurer, au contraire, c'est très bon et très sain, et c'est loin de nous mener à ce lieu si horrible que nous imaginons dans notre esprit. En fait, il est fort probable que nous tombions malade si nous ne parvenons pas à extérioriser notre peine de manière plus libre et naturelle.

Donner libre cours à notre peine est simultané au fait de continuer à vivre cette existence qui ne s'arrête pas une seconde. C'est l'une des sensations les plus fortes du processus de deuil. Ça met en colère de comprendre que la vie continue et qu'elle n'a pas eu la « générosité » de s'arrêter pour ma douleur : nos comptes doivent toujours être tenus et nos engagements, qui semblaient suspendus comme pour faire alliance avec ma peine, ressurgissent et me forcent à continuer même si je ne le veux pas. À ce moment nous nous dirions la phrase de Mafalda : « Arrêtez le monde, je veux descendre ! », mais nous découvririons très vite que c'est mieux d'avancer parce que si nous restons sur place il se formera un amas de neige qu'il sera difficile de dépasser ensuite.

Maintenir notre esprit occupé par le travail ou par une activité quelconque, facilite le chemin qu'il faut suivre parce que par moments la douleur semble s'interrompre.

Il n'y a pas grand-chose à faire pour éliminer cette sensation, nous pouvons seulement l'accepter et apprendre à cheminer, à tomber et à nous relever avec elle pour qu'elle soit plus proche de nous.

Durant l'étape de la peine, l'une des réactions les plus communes, c'est de commencer à se désespérer de ces sensations désagréables qui ne veulent pas disparaître. Cela arrive avec la plus grande virulence chez les gens très exigeants avec eux-mêmes et qui ont une conscience aiguë du processus, lequel est plus long que ce qu'ils voudraient et qu'il n'est pas dans leur pouvoir d'accélérer. Il semblerait que cela soit le premier moment où l'on prend conscience que la douleur ne passe pas et qu'il ne nous reste qu'à apprendre à faire avec elle.

C'est important de pouvoir manifester la peine, de la pleurer et de l'exprimer afin de continuer à avancer un peu plus chaque jour. Évidemment, le temps aide, parce qu'il permet d'incorporer la douleur au quotidien, sans pour autant l'oublier ou sentir qu'elle a disparu pour toujours.

C'est également au cours de cette étape que se perçoivent les différences les plus nettes entre les hommes et les femmes dans le processus de deuil. Alors que les premiers remplissent leur journée et qu'ils noient leur peine dans le travail ou dans d'autres activités, nous, les femmes, avons en revanche besoin de parler et de pouvoir exprimer nos émotions, ce que les hommes interprètent souvent à tort comme un recul dans le deuil. De même, les femmes, avons tendance à penser que le deuil est plus rapide chez les hommes et nous ressentons que notre peine ne les touche guère et bien souvent ils nous font le reproche de l'exprimer parce qu'ils se sentent impuissants à faire le nécessaire pour l'apaiser.

Ici, il semble fondamental que les partenaires du couple prennent le temps de parler ensemble et, grâce à la volonté, réussissent à se retrouver, à retrouver de la tendresse et à reprendre les activités qu'ils partageaient avant l'irruption de la douleur. Rien ne sert de chercher à évaluer qui souffre le plus des deux, car c'est une question qui n'a pas de réponse et génère une colère inutile des deux côtés. Chacun doit dire de manière explicite ce qu'il attend de l'autre et développer la tolérance et la patience dont chacun a besoin pour continuer à avancer de manière individuelle dans le processus de la douleur.

Lorsque nous sommes en deuil, nous sommes physiquement très fatigués et stressés. La fatigue et le stress sont des mécanismes très fréquents utilisés par tous face à un conflit ou un problème psychologique. Nous supposons du coup que si nous nous reposons et prenons des vacances, tout va aller mieux et que nous irons mieux. Si, d'un point de vue corporel, cela semble juste car se reposer aide toujours, il n'en reste pas moins qu'il faut faire attention puisque si nous arrêtons de faire ce que nous faisons tous les jours ça nous « retire » nos éléments protecteurs et, par conséquent, beaucoup des conflits qui paraissent occultés lorsque nous sommes occupés, se révèlent.

Dans les conflits tels que les pertes, les séparations, les problèmes de couple ou avec les enfants, prendre des vacances peut être un risque, car se retrouver avec l'autre et le regarder après une année passée à se cacher derrière la multitude des choses à faire peut s'avérer menaçant. Par ailleurs, nous avons tous tendance à supposer à tort que les conflits affectifs surgissent principalement parce que nous sommes fatigués, et qu'en prenant des vacances les problèmes disparaîtront. C'est comme l'illusion de pouvoir s'arracher à la douleur et la « vaincre » grâce aux vacances. Ce n'est évidemment pas le cas et ce, pour toute douleur. Si les vacances ne sont pas pensées et utilisées pour résoudre avec honnêteté et amour nos problèmes, elles peuvent au contraire envenimer les conflits.

Lorsque nous sommes confrontés à des pertes, les vacances sont tout à la fois angoissantes et douloureuses, puisqu'elles nous font sentir davantage l'absence de l'autre et les souvenirs agréables du passé. Il est vrai que si elles sont envisagées comme une chance pour avancer dans le deuil, elles peuvent aider ; autrement, on a la sensation d'avoir perdu du temps à nous reposer.

Indépendamment de toutes les stratégies de fuite que nous, les êtres humains, inventons pour éviter de prendre contact avec la peine car nous avons peur du vertige qu'elle génère, cette peine peut sortir librement et cohabiter avec l'impuissance, avec la frustration et avec l'acceptation du caractère irréversible du processus de deuil. On peut commencer à sentir que celui qui est parti revient à travers les souvenirs, à travers ce que nous avons appris avec lui, et avec toutes ses failles qui font sourire lorsqu'on s'en souvient et qui allègent son absence.

Tout cela a comme arrière-fond la transformation que nous, les êtres humains, devons opérer pour apprendre à nous détacher du concret. Peut-être lorsque nous aurons compris que «L'essentiel est invisible pour les yeux», comme disait Le Petit Prince, nous pourrons dire que nous avons appris à cheminer sainement au cours d'un deuil ou d'une perte.

À la fin du chemin, nous rencontrons la quatrième étape que j'appelle la réconciliation avec le deuil. C'est le moment où l'autre revient à moi à travers sa meilleure image, et où je réussirai à intégrer paisiblement son souvenir dans mon quotidien.

Les contradictions du deuil

Ce processus de quatre étapes que je viens de décrire cohabite avec une contradiction fondamentale qu'il est important de clarifier et d'accepter comme telle. Cette discordance est relative à ce qu'il y a de plus profond dans notre être : nous ne voulons pas arrêter de souffrir parce que si l'on passe rapidement à la joie, c'est comme si l'on déclarait à soi-même et aux autres que la douleur avait cessé et que, par conséquent, on n'aimait pas le disparu autant qu'on le disait. Cela génère un phénomène étrange, parce que, d'un côté, on nous presse pour que les peines passent rapidement, mais d'un autre côté, on nous demande de maintenir la tristesse comme un hommage à l'amour que nous portions à celui qui est parti. C'est pour cette raison qu'il est difficile de comprendre et d'accepter, dans certains pays plus que dans d'autres, que nous puissions marcher avec un large sourire aux lèvres et une immense peine dans l'âme.

Si je me réfère à ma propre histoire, les gens m'ont souvent dit qu'il n'était pas vrai que j'ai tant souffert ou tant aimé mon mari, car ils assistaient à des conférences dans lesquelles je riais ou je faisais rire les autres. Ils ne comprenaient pas, comme je l'ai souvent expliqué, que je pouvais avoir eu, la nuit passée, une crise de larmes déchirante tant il m'avait manqué ou que j'avais éclaté en sanglots juste avant de prendre la parole. Dans la plupart des cas, la manière d'affronter ou d'apprendre à vivre un processus de deuil, dépend précisément de cette contradiction. Il semblerait que cela soit l'élément le plus important lorsque par exemple nous sommes confrontés à la perte d'un enfant, perte qui « n'a pas de nom », et à laquelle on ne confère aucun rôle social peut-être parce que dans notre logique humaine nous la considérons contre-nature. Si un père ou une mère perdent un enfant, ils ne savent pas comment se dénommer (au sens où, si une femme perd son mari, elle devient « veuve », ou si l'on perd ses parents, on devient « orphelin »). Cette absence de nomination souligne une douleur qu'il est particulièrement difficile de supporter dans son propre corps et qui a comme principale résistance cette contradiction que je mentionnais : même si je sais que la personne disparue aurait voulu me voir heureuse, je ne veux pas quitter la douleur en hommage à l'amour que je lui ai porté et que je lui porte, parce que de manière erronée et inconsciente, je suppose que ce lien à la douleur me permet de sentir la présence de celui qui n'est plus.

Apprendre à profiter de la vie sans culpabilité et sans se faire des reproches après avoir éprouvé la douleur consécutive à une perte, est l'un des conflits inconscients les plus difficiles à élaborer car la contradiction dont nous sommes victimes est permanente : vouloir continuer à vivre notre vie et en même temps refuser de la vivre en hommage au défunt.

Je voudrais ici mentionner le cas de ceux qui doivent apprendre à cohabiter avec une perte non physique, je me réfère à tous les types de ruptures ou de séparations dans lesquelles on sait que l'autre est toujours là – et même que je peux le ou la rencontrer –, mais qu'il ne fait plus partie de mon monde émotionnel. Toutes les personnes qui comme moi ont subi ce type de pertes sont parfois arrivées à sentir qu'elles étaient plus difficiles à accepter qu'une mort réelle, parce que ces pertes sont liées à la lutte que nous engageons avec nos propres egos et vanités, avec nos erreurs, nos insécurités et avec nos peurs de poursuivre notre chemin. Cependant, les étapes sont les mêmes ; tout va dépendre seulement de la manière dont se génère ou se dénoue le conflit de la séparation quand il commence et comment il se déroule.

Dans le contexte familial, il est important de souligner que face à n'importe quelle perte, les familles ou les groupes affectifs tendent à établir des contrats – des contrats silencieux, la plupart du temps non énoncés – où les protagonistes s'allient apparemment pour ne pas souffrir et où l'on commence à supposer que si ma maman ne pleure pas et supporte la douleur, c'est qu'elle n'a pas de peine ; et en même temps, la mère se dit que si elle ne pleure pas, elle se montrera forte face à ses enfants et leur évitera ainsi – mais c'est faux, bien sûr – d'être en contact avec la douleur.

C'est alors fondamental que quelqu'un dans la famille ou dans le groupe émotionnel, ait le courage de rompre ce contrat, de se risquer à entrer dans le vertige de l'expression collective de la peine afin que tous puissent assainir leur souffrance à travers cette «libération». Dans ce processus de libération au sein du groupe ou de la famille, il est important de comprendre les différences individuelles, relatives au passé et à la psychologie de chacun pour affronter les grandes épreuves; certains peuvent avoir besoin de beaucoup parler, d'autres moins; certains veulent pleurer serrés dans des bras chaleureux, d'autres en solitaire; certains exprimeront leur douleur à travers la colère, d'autres utiliseront des stratégies de fuite en dormant, en ne mangeant plus ou, au contraire, en se gavant; certains auront besoin d'être très entourés et de s'activer, d'autres s'isoleront.

Dans le processus de deuil ou de perte, n'importe laquelle de ces réactions peut être normale, tant que personne ne stagne dans l'une ou l'autre des étapes; dans le cas des enfants, il est important d'observer tant les changements physiques ou d'habitudes que les modifications de leurs comportements scolaires et sociaux qu'ils peuvent adopter tout au long des différentes phases.

Chez les hommes, l'une des réactions les plus fréquentes face à la perte d'amour – peut-être parce qu'il leur est plus facile de se séparer, en accord avec ce que j'avance dans *Viva la diferencia!* – est le silence et le désintérêt à tel point qu'ils ne discutent pas ni n'expliquent rien et font simplement sentir au partenaire qu'il n'existe plus et, à travers ce silence, ce dernier doit comprendre que tout est fini. Cette agressivité brutale et douloureuse – que l'on appelle « l'agressivité du silence » – rend plus difficile la clôture du processus de deuil du couple et le commencement d'une nouvelle vie. Il est toujours plus sain d'entendre un non tranchant que de sentir que nous n'existons plus.

Pour conclure ce chapitre sur la douleur et sur la mort, j'aimerais dire que face à ce « colis » qui arrive – et qui s'appelle mort, perte ou deuil – il me semble important de signaler que quand nous, les êtres humains, sommes confrontés à cette épreuve inévitable, nous devrions nous épancher tendrement sur nous-mêmes, avec indulgence.

Ceux qui, comme moi, ont accompagné des mourants, nous devons dire que dans la plupart des cas la mort arrive dans la paix, dans le calme et dans le silence qui doit être le plus sacré possible. Si, en naissant, le premier geste que nous faisons, c'est d'inspirer; dans la mort notre dernier geste, c'est d'expirer, comme si nous nous réjouissions d'un cycle merveilleux qui s'achève et que nous parvenons très rarement à comprendre.

Pour être capables de parler de la mort et de la perte sans croire que nous parlons du pire de ce qui peut arriver à un être humain, il ne faut plus avoir peur des départs et se convaincre que ceux qui s'en vont bénéficieront de l'aide nécessaire pour entreprendre leur voyage.

Cela implique, d'abord, de parler avec ceux qui sont là, avec les vivants, parler de la mort, de ma mort, de la manière dont je veux qu'elle survienne; et, enfin, lorsque nous l'affronterons, nous devrons accepter avec tendresse nos contradictions, nos progrès, et nos régressions, et demander aux autres de nous accompagner sur ce chemin ambivalent qui n'est jamais droit et séquentiel, mais qui, comme tous les processus dans la vie, est un parcours avec des hauts, des bas et des courbes dangereuses qu'il faut apprendre à regarder sans peur.

Tous les êtres humains – sans aucune exception – doivent affronter au long de leur existence non seulement une, mais plusieurs pertes ou deuils. Ne serait-il pas préférable que nous accompagnions l'autre, le mourant, sans jugement, sans gêne, sans préjugés, sans nous croire tout puissants, mais à partir de la plus absolue fragilité, en silence plutôt qu'avec des mots et des phrases toutes faites, en le serrant dans nos bras, et dans le respect le plus intime de l'humanité, de l'histoire et de la singularité de celui qui entreprend son dernier voyage, celui que nous accomplirons tous un jour ?

Quand la douleur d'un bouleversement extrême, d'une perte ou d'un deuil, ne se communique pas et ne se vit pas, il est fort probable que le corps manifeste d'une manière ou d'une autre ce qui n'a pas été dit avec des mots, et c'est ce dont nous allons parler dans le chapitre suivant. Vous allez savoir pourquoi.

4

Le cancer guérit

Vous venez de lire le titre de ce chapitre et il ne fait aucun doute que vous pensez que je suis devenue folle (ce qui est possible). Cependant, je suis certaine que ceux qui ont été confrontés à un cancer bien assumé, qu'ils aient été eux-mêmes malades ou qu'ils aient accompagné quelqu'un qui a eu ou a un cancer, vont me donner raison.

«Il a une lésion au pancréas!» Voilà ce que j'ai entendu un 19 mai, il y a quelques années déjà. Passer de lésion à tumeur, de tumeur à tumeur maligne, puis de tumeur maligne à cancer du pancréas, a compté parmi les changements linguistiques les plus difficiles qu'il m'ait été donné d'assumer dans la vie. L'autre souvenir compliqué fut de dire publiquement «Je suis séparée». Je crois que cela faisait bien six mois que j'évitais d'utiliser cette phrase qui m'obligeait à admettre face à moi-même et aux autres que c'était définitif. C'est pour cela que beaucoup de gens évitent de prononcer le mot « cancer » et parlent de « maladie maudite » ou « cette maladie de m... », ou bien nous nous référons directement à elle en disant qu'une personne est gravement malade ou qu'elle est décédée après une longue et pénible maladie sans l'appeler par son nom. Le poids qu'ont les mots sur nos affects est énorme, surtout les mots qui nomment ce que nous voudrions éviter : la mort, les pertes et la douleur.

Aujourd'hui nous savons que les cancers ne sont pas tous mortels et que dans beaucoup de cas la médecine, traditionnelle ou non, parvient à les guérir. Cependant personne n'apprend la nouvelle d'un cancer avec calme, patience et optimisme : tous, le malade et la famille, même si ce n'est que l'espace d'un instant, l'associent inexorablement à la peur, à la douleur et à la mort.

L'arrivée du colis

Comme la mort, le cancer est un « colis » qui arrive chez moi sans que je l'aie demandé directement ; il arrive dans mon espace émotionnel le plus intime, il se présente devant moi dans une boîte horrible et malodorante qui me dégoûte, me fait peur et qu'il me répugne de toucher. Face à cet envoi, j'ai deux options : la première est simplement de baisser la tête, de ne plus aborder le problème, de n'annoncer la nouvelle qu'à très peu de personnes, de ne me poser presque aucune question et de considérer le traitement de cette maladie comme un traitement parmi d'autres, sans trop m'y attarder.

Mais vivre ainsi cette annonce ne fait qu'augmenter les fantasmes de mort et envenimer les relations familiales, car tout le monde sait que quelque chose se passe, quelque chose de grave, mais qu'il existe un contrat tacite selon lequel il ne faut pas en parler. Dans ce sens, je crois que le patient a parfaitement le droit de savoir ce qui lui arrive, que le diagnostic soit favorable ou que la maladie soit à son stade terminal, afin qu'il puisse décider en toute conscience ce qu'il veut faire de sa vie durant cette période.

Les uniques cas où l'on peut déroger à ce droit, c'est lorsque le patient est âgé et qu'il n'est plus très conscient de lui-même ni du monde qui l'entoure. Dans toutes les autres situations, je pense que le droit à la vérité est inaliénable.

Je connais beaucoup de familles qui ont pensé que le malade ne devait pas savoir qu'il était en phase terminale, car il déprimerait, ce qui compliquerait le processus ou l'inciterait à se laisser mourir devant la difficulté du combat contre la maladie. Je ne peux pas dire ce qu'il faut faire, mais d'après mon expérience, il semblerait que cette attitude de cacher la vérité est plus inspirée par la peur au sein de la famille que par la peur chez le malade. Le patient ressent toujours intuitivement – et avec une grande précision – ce qui lui arrive et cela le dérange énormément d'être pris pour un ignorant. De plus, dans la mesure où il sait, il acquiert magiquement une force propre à l'instinct de survie qui lui permet de lutter et de livrer le combat qui s'impose. Ce qui ne veut pas dire que le traitement qu'il a choisi soit du goût de tout le monde, mais je le répète, le droit qu'a tout être humain de décider que faire avec sa santé est absolument personnel.

Quand le processus se dit, se discute et se vit tout naturellement, les énergies se canalisent alors en faveur du malade, ce qui n'est pas le cas lorsqu'il s'agit d'en faire « un secret » qu'il est fatiguant de garder, qui constitue bien souvent un obstacle au bon traitement et surtout empêche le soutien franc et efficace des gens les plus proches.

La seconde option est de décider d'ouvrir le « colis », avec toute la peur, la frustration et la peine qui s'ensuivent, de le dire aux autres, de l'assumer comme une expérience de vie et découvrir ainsi ce qu'elle nous apporte.

Après avoir discuté avec des centaines de malades et leur famille dans ma fondation, tous s'accordent à dire que le colis, bien qu'il ne soit pas demandé, comporte de nombreux cadeaux ; à travers la maladie, des liens affectifs lésés se sont rétablis et des parents éloignés se sont rapprochés. Il s'est dit ce qui ne s'était jamais dit et il s'est passé de nombreuses choses importantes, des choses qui semblaient fondamentales avant le diagnostic et qui cessèrent de l'être après avoir reçu le colis. C'est sans doute ici le plus grand secret que renferme le cancer, parce que rien n'ancre plus au présent que d'être malade en phase terminale ou d'accompagner quelqu'un qui l'est. Tout acquiert une signification spéciale et, comme je le dis toujours, jamais plus la glace à la vanille n'a eu le même goût après le diagnostic, jamais plus les couchers de soleil ni un sourire ne furent les mêmes…

C'est pour cette raison que l'on peut parfaitement dire que l'expérience du cancer soigne des blessures, ordonne des priorités, rétablit des liens et nous connecte au présent et à notre capacité de remercier, parce que tous ceux qui pensent que le cancer est une maladie maudite, sont probablement des personnes qui par peur nient le fait essentiel de la condition humaine : **que nous allons tous mourir**. Connaître approximativement le moment de notre mort peut, sans doute, être un privilège parce que même si je guéris – comme c'est en général le cas – ma vie ne peut et ne doit plus être comme avant le diagnostic.

C'est pourquoi même si le cancer est arrivé pour me faire dire au revoir à la vie et me permettre de resserrer des liens affectifs, de faire ce que je n'avais pas fait et de dire ce que je n'avais pas dit, tant le malade que sa famille peuvent affirmer avec autorité – dans le cas où l'on guérit – que le cancer leur a soigné l'âme, car c'est bien l'âme qui guérit quand nous accueillons la douleur, la caressons et apprenons d'elle.

Un marathon d'apprentissage

Nous savons parfaitement qu'un grand pourcentage de cancers ont des causes héréditaires, congénitales ou simplement biologiques. Cependant, il y a diverses théories qui prouvent que les humains étant des êtres intégraux et intégrés – de corps, d'esprit et d'âme –, le cancer serait une expression physique de nombreuses peines, colères, négations ou des déplacements que notre âme et notre esprit ont opéré pour éviter certaines douleurs et que notre corps finit par manifester. De très nombreux livres expliquent mieux que moi le rapport qui existe entre nos états mentaux et spirituels, le pourquoi et le comment ils nous rendent malades. Je pense à *Un chemin vers la santé*[1], *Mémoires de vie, mémoires d'éternité*[2] et *Yo (no) quiero tener un cancer*[3], ouvrages dans lesquels vous pourrez trouver d'excellents échos à ce que je viens de dire.

Avec toutes ces données un processus s'initie qui fait que l'arrivée du « colis » déclenche une série de questions qui cherchent à expliquer, à partir de notre histoire et de nos émotions, pourquoi nous sommes tombés malades. Dès lors, commencent à se succéder un grand

---

1. Thornwald Dethlefsen, *Un chemin vers la santé*, Aigle, Radin, 1990.
2. Elisabeth Kübler-Ross, *Mémoires de vie, mémoires d'éternité*, Paris, Presses Pocket, 1999.
3. Jennifer Middleton, *Yo (no) quiero tener un cancer*, Grijalbo, 1996.

nombre d'étapes et de situations. La première est d'informer nos proches de l'arrivée de ce colis, et, après le choc, la colère et la peine éprouvées, il nous faut trouver d'urgence un bon médecin pour nous aider dans cette épreuve. À ce moment-là débutent ce que j'appelle les «coups de fil miraculeux» à travers lesquels, avec une tendresse infinie, tous les proches commencent à nous appeler pour nous raconter un secret ou pour nous suggérer un remède qui avait réussi à guérir telle ou telle connaissance. En parallèle de tous ces «secrets», que nous commençons à considérer comme des solutions possibles, apparaissent en général les inquiétudes pécuniaires en plus des démarches médicales pour se soigner. Tout dépendra bien sûr du type de cancer et du pronostic vital mais, comme tout le monde s'accorde à le dire, l'attitude et l'état d'esprit avec lesquels nous affrontons le diagnostic sont les clés de la guérison.

Cela étant, il apparaît une contradiction qui, si on l'analyse, ne cesse d'être cocasse : quand les gens perçoivent que le malade et sa famille sont bien disposés pour affronter la maladie, et parlent de ce qui arrive sans sous-entendre de secrets, on tend à supposer – car nous sommes tous profondément psychologues – qu'ils sont en train de nier la maladie et automatiquement surgit une série de conseils pour l'assumer de manière intégrale et complète.

J'ai souvent dit qu'il était plus difficile d'être à côté du lit que dans le lit ; et je le dis pour expliquer que dans la grande majorité des cas, les malades du cancer, et en particulier les malades les plus gravement atteints, ceux donc le pronostic est le pire, évoluent dans un état de conscience dédoublé entre le spirituel et le terrestre, à partir duquel ils trouveront la force d'affronter les symptômes. En revanche, les malades qui bénéficient d'un meilleur pronostic appréhendent la douleur de manière plus terrestre et avec plus de colère.

Dans les cancers avec un pronostic favorable, nous constatons fréquemment des sensations de frustration et d'impuissance face à la douleur physique ou émotionnelle qui s'expérimente. C'est pourquoi il est si important de considérer la manière dont les proches interprètent la maladie, comment ils la vivent, parce qu'il a également été prouvé – et par des personnes qui connaissent mieux le sujet que moi – que si les proches du malade reçoivent le « colis » comme une expérience riche d'apprentissages pour eux-mêmes, prenant les choses avec humour, le malade aura alors un meilleur pronostic, une meilleure réaction aux traitements et, par conséquent, de meilleures chances de guérison.

Chez les malades les plus gravement atteints ou qui présentent un mauvais pronostic, il est fréquent de relever de nombreux symptômes dépressifs et colériques qui obligent les proches à développer beaucoup de tolérance et d'amour. Il est important de mentionner qu'il semblerait que le malade ait besoin de « se purger » de ses colères accumulées et des peines vécues durant sa vie, c'est pourquoi il « vomit » verbalement tout ce qu'il a accumulé. Il le vomit à la face de ses proches qu'il considère – consciemment ou non – comme des inconditionnels. Souvent, ces colères du malade n'ont rien à voir avec la personne qui subit cette « maltraitance », mais cette dernière doit être capable de la supporter avec amour en faisant preuve d'indulgence car c'est un moment qui passe, qui se produit sans que le malade s'en rende vraiment compte et qui permet une merveilleuse transmutation de l'âme quand ce processus s'est accompli librement. Si nous pensons que ce moment est trop violent, il est important de demander de l'aide pour dépasser cette étape.

Ici, comme c'est souvent le cas, ceux qui ont besoin d'être le plus aidés sont les proches du malade car, dès le jour de l'annonce du diagnostic, ils entament un véritable marathon quelquefois très long, dans lequel il faut savoir répartir et redistribuer l'énergie afin d'être capable de le vivre convenablement sans s'épuiser en route. Faire des rotations entre les personnes qui accompagnent le malade, maintenir dans la mesure du possible la routine qu'il vivait avant la maladie et se donner le temps de se détendre et se changer les idées, déterminent la qualité de l'accompagnement familial.

Il m'est arrivé de voir par exemple des femmes qui ne s'épilent plus pendant des mois car elles ne veulent pas laisser le malade seul. Je crois que c'est un bon exemple d'abnégation inutile qui culpabilise bêtement le malade. « Prendre l'air » est une chose importante pour tous et particulièrement les accompagnants. C'est même d'une importance essentielle dans le cas de maladies chroniques, lorsque l'on cohabite longtemps avec la maladie et avec la dégénérescence physique ou psychologique du malade. Ici, l'accompagnement des proches et leur rotation auprès du malade paraissent fondamentaux afin que la famille ne rentre pas dans un état dépressif qui entraînerait le patient dans une spirale négative.

Le fait que les chambres soient lumineuses, qu'elles aient des couleurs chaudes, une musique apaisante et la joie de tous, sont des facteurs qui aident à avancer sur ce chemin dont nous ne voyons pas la fin et où il faut garder force et patience pour franchir toutes les étapes.

Dans le cas de maladies en phase terminale, il est fréquent que l'on croit qu'aller aux toilettes est une perte de temps pour être aux côtés de celui qui partira bientôt. Cependant, c'est important de comprendre que s'il ne reste pas de questions en souffrance, il faut générer des espaces de liberté pour tous les deux, accompagnateur et malade. Et si, au contraire, il y a des questions en souffrance, il est également important d'avoir conscience qu'il reste peu de temps pour les traiter.

Après avoir trouvé le bon médecin et le bon traitement, on commence à chercher un «médecin bon». Je ne veux pas dire que ces deux aspects – un bon médecin et un médecin bon – ne peuvent se rencontrer simultanément chez la même personne, mais dans le choix final, la disposition d'un docteur et de son équipe à pouvoir être là quand c'est nécessaire pour répondre aux nombreux doutes et inquiétudes, semble être la condition essentielle dans la manière dont le patient et sa famille vont vivre ce processus. À ce moment je crois qu'il est juste de mentionner tout le personnel médical et paramédical – je pense par exemple aux infirmières, aux aides-soignantes – qui, dans l'ombre, sont pratiquement et quotidiennement les personnes les plus proches du patient, et qui, quand le traitement se révèle efficace, sont rarement reconnues et remerciées comme elles devraient l'être.

En général, lorsque la chimiothérapie et la radiothérapie commencent, il est nécessaire de faciliter l'expression des fragilités, des doutes, des peurs et des colères que le processus comporte, et, en même temps, je crois qu'il est fondamental que la famille acquière le sens de l'humour comme règle quotidienne et comme *modus operandi* afin de résoudre les conflits que charrie chaque jour la cohabitation avec la maladie.

L'un des thèmes clés de ces maladies est le maniement de la douleur et des symptômes ainsi que la gestion des effets secondaires des traitements. Ces troubles se soignent de multiples façons, et il existe aujourd'hui de plus en plus de manières pour les éliminer ou du moins les réduire, et les traitements alternatifs, comme le reiki ou les fleurs de Bach entre autres, prennent de plus en plus de place. Je souhaiterais souligner qu'il est particulièrement important pour le patient de communiquer ses sensations désagréables, de ne pas rester muet face aux doutes et, par-dessus tout, face aux peurs, parce qu'il est prouvé que si nous verbalisons nos malaises les effets corporels se réduisent.

Comme le malade et sa famille vont certainement suivre des traitements traditionnels – en plus des traitements naturels ou alternatifs –, il est important de respecter le patient et ses proches dans les décisions qu'ils prennent. Dans ce sens, par exemple, lorsqu'il existe une bonne communication, on peut percevoir qu'il y a des étapes de la maladie durant lesquelles on ressent une grande chaleur due à l'inflammation des tumeurs. Aussi le patient ne veut-il pas manger ou très peu. Il est alors notoire que la glace, et allez savoir pourquoi, la glace à l'ananas en particulier, apporte au malade une sensation de soulagement et de confort. Ainsi, il est important de respecter le fait que le malade mange peu mais sainement, thème qui est souvent une source de tensions dans la famille. Lorsque le patient ne peut plus mâcher ou n'a plus d'appétit, les petits pots que nous donnons généralement aux bébés sont une bonne solution.

À cause des traitements, les bouches des patients sont souvent affectées, il est alors important d'adopter une bonne hygiène et d'avoir recours à un stomatologue, car la santé buccale est directement liée au plaisir que le patient prend à manger et à déguster les aliments. Nous ne devons jamais oublier que, depuis que nous sommes nés, la nourriture est associée à la vie et à la jouissance, et lorsque le plaisir de manger se dégrade, cela peut fomenter les états dépressifs des malades. Pour que le patient soit de bonne humeur et garde l'appétit, il est important de lui cuisiner les plats qu'il aime, en les présentant joliment avec des couleurs et dans les quantités qui lui conviennent. Il ne faut pas non plus négliger les proches du patient qui souvent arrêtent de se nourrir à cause de l'angoisse ou mangent avec excès pour calmer leur anxiété.

L'un des moments les plus difficiles est sans doute lorsque la famille ou le malade lui-même décident d'interrompre le traitement. Si la décision est prise en pleine conscience, et non impulsivement, elle doit être profondément respectée par tous. Laisser partir celui qui va nous quitter ou même l'inviter à le faire est, selon ma propre expérience, l'un des gestes d'amour les plus profonds et radicaux qu'un être humain peut adresser à un autre. Car en arrêtant de penser à soi-même pour penser à l'autre, en sentant que lâcher prise est le plus grand soulagement que le malade puisse souhaiter, il en va de l'exercice fondamental de la liberté individuelle. Si nous comprenions que rien n'est à nous, que rien ne nous appartient et que nous ne sommes que les compagnons de voyage de ceux qui sont à nos côtés nous serions, par amour, capables de cela et de beaucoup plus. Nous devons comprendre aussi que cette tendance possessive à parler de « ma maison », de « ma femme », de « mes enfants », de « mon mari », etc., ne fait que nous assujettir à une potentielle et possible souffrance lorsqu'ils disparaissent ou qu'on les perd. Là encore, je reviendrai à ce que disent les Orientaux, lorsqu'ils affirment que l'attachement est la plus grande source de souffrance humaine.

Quand le cancer est vaincu, quand diverses analyses témoignent de l'absence de cellules cancéreuses, la sensation de soulagement et de revalorisation de la vie, fait que le colis, qui a généré tant de douleurs, est vécu, maintenant que le processus est terminé, comme une expérience qui a transformé positivement, au plus profond de notre âme, notre vision de la vie. Cependant, on continue à cohabiter avec la peur qui, même si elle n'est pas agréable, aide à être en permanence connecté au présent, à nous réjouir d'être vivants et à rétablir l'ordre des priorités qui existait avant la maladie.

Après un cancer ou toute autre maladie grave, les malades valorisent de manière différente leurs proches et tous ceux qui ont été des compagnons de route au cours d'une maladie qui leur a tant appris.

Ceux qui sont morts ont eu l'occasion – qu'ils l'aient ou non saisie – de partir sans rien laisser en suspens, en ayant tout dit, en ayant pardonné ou demandé pardon si c'était nécessaire, et même en ayant offert, étant en vie, le cadeau de toutes ces choses qu'il n'est pas possible d'offrir lorsque l'on meurt brutalement. Dans le cas d'un infarctus ou d'un accident, le processus de deuil se déclenche avec la nouvelle de la mort et avec l'impact violent de l'absence ; dans le cas d'un cancer, en revanche, et selon le type de cancer, le processus de deuil peut commencer dès l'annonce du diagnostic, lorsque la personne a encore le temps de régler ce qui ne l'a pas été. Les décès soudains suscitent un autre apprentissage : ils nous rappellent qu'il est important de valoriser les gens que nous aimons lorsqu'ils sont en vie, de leur dire que nous les aimons, de leur demander pardon ou de leur pardonner si c'est nécessaire, etc. ; ainsi, si la vie nous surprend – comme elle le fait toujours –, nous serons alors préparés à affronter n'importe quel adieu, même si nous ne sommes jamais tout à fait prêts à supporter un deuil.

À partir de là je reviens donc à ce que je disais au début de ce chapitre : le cancer guérit.

Conclusions

Je dois vous avouer que je finis ce livre avec une grippe carabinée qui est sûrement liée à la somatisation de l'énorme quantité d'émotions que j'ai éprouvées en l'écrivant.

Le processus d'écriture a été une vraie grossesse qui par moments m'évoquait les symptômes de perte et dont je n'arrivais jamais à voir la fin. Comme je vous l'ai dit au début du livre, 2011 ne fut pas une année facile pour moi, car je suivais moi-même le chemin de la douleur qui, ironiquement, était le sujet de mes recherches et sur lequel j'avais besoin de vous parler depuis ma fragilité.

En ce moment, je ressens les contractions de l'accouchement et la sensation que le bébé est sur le point de naître, ce qui m'émeut et me fait souffrir. J'ai toujours pensé que les livres ne se terminent jamais, nous les abandonnons plutôt, car autrement nous ne cesserions de les corriger, de les modifier et de les enrichir de mille ajouts.

Il est clair pour moi qu'à l'instar des quatre autres livres que j'ai écrits, il doit manquer à celui-ci beaucoup d'informations que vous auriez aimé trouver dans ces lignes. Avant tout, je vous demande pardon, mais j'ai essayé de simplifier au maximum un thème complexe et, depuis ma petitesse, j'ai essayé de retrouver toute l'information possible contenue dans les investigations déjà réalisées, afin que vous, qui lisez ces pages, sentiez que je vous ai proposé quelques outils pour affronter les moments difficiles de la vie. La générosité de ceux qui m'ont aidée, ajoutée à ma propre expérience, me permettent de dire que, pour le moins, ce qui est écrit nous arrive et nous arrive très souvent.

Résumer ce livre est aussi difficile, voire plus difficile que de l'écrire, mais s'il y a quelque chose qui semble être le dénominateur commun à tous les thèmes traités, c'est qu'il existe chez les êtres humains une capsule dans l'âme, quelque chose qui parfois se fait invisible et très petit, qui nous permet d'avoir la merveilleuse occasion de choisir notre vie. Cette capsule s'appelle **l'attitude**, elle est la plus grande expression du libre arbitre de chaque individu et semble être la clé de tout ce qui surgit dans l'existence.

Tout ce qui doit nous arriver dans la vie, semble advenir de toute façon, indépendamment de ce que nous faisons pour l'éviter, poussés que nous sommes par la crainte la plus viscérale de souffrir et par la tendance naturelle à nous arracher à la douleur. Par conséquent, il semble que, pour le nouvel an par exemple, nous ne devrions pas faire de vœux, parce que ce qui doit arriver arrive, en particulier ces événements importants qui, la plupart du temps, changent notre vie et pour toujours. Nous devrions simplement demander une largesse de cœur et beaucoup de sagesse – celle qui est bonne et profonde – pour affronter ce qui doit arriver ; demander de la sagesse pour valoriser, remercier et savourer les bonnes choses, et pour avoir beaucoup de tolérance, de patience et de générosité à l'égard des mauvaises choses.

Je ne crois pas que l'on apprend uniquement de la tristesse, je crois que la joie est aussi porteuse d'apprentissages, apprentissages qui nous permettent de chérir ce que nous avons, de renforcer et de maintenir les liens avec nos proches et par-dessus tout – si nous le décidons et le travaillons à partir de la volonté – de nous connecter au présent et de l'absorber intensément.

Cependant, comme je le disais dans le chapitre sur la douleur, les changements de priorités et de sens ainsi que les grands virages de la vie, se produisent toujours après quelque événement douloureux ou lorsque nous avons expérimenté une grande, mais alors très grande peur. C'est donc là que s'ouvre la merveilleuse opportunité que génèrent les situations pénibles et qui tendent à diviser la population sommairement en trois tiers : il y a un tiers des gens qui ne comprennent rien et qui n'apprendront jamais rien de ce qui leur arrive. C'est comme ne pas saisir, ne pas vouloir saisir l'occasion de grandir et de choisir la douleur comme une instance de mûrissement. Ce livre n'est pas destiné à ce tiers, parce que je ne crois pas qu'ils l'achètent ou le lisent, car ils pensent qu'ils n'ont rien à apprendre, et tendent à sous-estimer et ridiculiser toute spiritualité ; d'ailleurs, ce sont eux qui, souvent, se permettent de donner des leçons (dans ce sens je dois reconnaître que certaines de ces personnes m'ont aidée grâce à leurs réflexions au cours de mes recherches).

Il y a un autre tiers auquel ne s'adresse pas ce livre. Ce sont les sages, ceux qui n'ont pas besoin qu'il leur arrive beaucoup d'événements dans la vie pour apprendre, ceux qui se présentent comme s'ils savaient depuis toujours, mais sans jamais le reconnaître. Ce sont ces personnes qui ont simplement vécu une situation qui a changé leur vie pour toujours et à partir de là, elles remercient et se réjouissent du présent. Ils savent qu'ils vivent la vie qu'ils ont construite et que, si des projets les attendent, cela ne dépend que d'eux pour les réaliser. Ce sont des êtres qui prennent en charge leur propre existence, leurs réussites comme leurs échecs, et qui, à partir de la plus absolue conscience de leur petitesse, essaicnt de donner le meilleur d'eux-mêmes, comprenant toujours que la souffrance nous arrive comme une chance pour évoluer. Ils savent et vivent en sentant que nous sommes venus au monde pour aimer, pour laisser une trace et décider d'être heureux, ce qui n'est pas un droit mais une obligation. Si certains d'entre eux lisent ce livre, ils se reconnaîtront assurément dans beaucoup de mes phrases.

Enfin, il existe un dernier tiers, composé de gens qui ont traversé des douleurs d'une intensité variable, mais qui ont envie d'apprendre, et éprouvent la nécessité d'évoluer et d'intégrer le groupe des sages dont nous venons de parler. Moi-même et beaucoup de ceux qui lisent ce livre, appartenons à ce dernier tiers. À notre tiers précisément, je dois leur dire que le mot qui me vient à l'esprit à la fin de ce travail, et après avoir cheminé dans le monde de la douleur, est **tendresse** ; mot étrange que nous utilisons peu aujourd'hui, que nous ne suscitons pas et que nous ne savons plus inculquer. De fait, on sait qu'il est de plus en plus difficile dans certains pays de trouver ces petits Bisounours en peluche qui sont des grands stimulateurs de tendresse.

Tendresse pour nous regarder, tendresse pour nous accepter, imparfaits que nous sommes, et avançant sans cesse, tendresse pour reconnaître nos inévitables contradictions, inconsistances et ambivalences et, à partir de là, beaucoup de patience pour évaluer les nécessaires changements dans nos processus de maturation. Cette tendresse est celle qui nous permet de cheminer, de considérer la douleur comme une compagne de voyage et d'être le mieux préparés possible pour notre départ et le départ de ceux que nous aimons.

Cette capsule – l'attitude – dont je parlais précédemment, est notre salut pour comprendre que, dans la mesure où nous l'utilisons et comprenons que dans son exercice se trouve le secret du bonheur et de la plénitude de la vie, nous serons capables de dépasser nos gènes, nos constitutions biologiques et aussi nos histoires, pour comprendre enfin que dans ce qui nous arrive, la manière dont nous vivons l'événement importe plus que l'événement lui-même.

Avec ce livre, je vous ai invité à tracer un chemin qui peut être inquiétant et ardu, mais je vous ai promis que si vous aviez le cœur ouvert et moi la capacité de l'expliquer, nous parviendrions à le parcourir sans peur et peut-être même avec un certain plaisir si nous comprenions qu'il n'y a rien de plus humain que l'imperfection et l'expérience de la douleur. J'espère du plus profond de mon être avoir pu vous accompagner sur cette route.

En ce moment où le bébé est sur le point de voir le jour, il ne me reste plus qu'à dire ce que j'ai dit quand mes deux enfants naquirent : « ***Bienvenue douleur !*** », parce qu'avec elle, naît toujours une vie nouvelle.

Remerciements

Dans chacun de mes livres je remercie toujours beaucoup de personnes, mais dans celui-ci davantage encore.

En premier lieu, je dis merci à Dieu, pour le mystère des talents, et la vie, qui m'a amenée à suivre des itinéraires auxquels je n'avais jamais pensé et que, honnêtement, je n'ai pas non plus voulu emprunter.

À mes parents, qui m'ont permis d'aller sans peur sur le sentier de la douleur, en passant par une éducation stricte. Je les remercie. Ils sont aujourd'hui mes grands amis et compagnons.

À mes merveilleux enfants, Cristián et Nicole, qui, en plus d'être ma prise de terre, furent source de compagnie, de patience et de sagesse dans cette voie.

À mon mari qui est parti, Oscar, et à tous les patients de ma fondation qui m'ont aidée, depuis le chemin de la douleur, à réaliser cette recherche ; avec leur générosité et leur amour, ils m'ont beaucoup fait grandir et m'ont enseigné, entre autres choses, à valoriser et à profiter de la vie.

À tous ceux qui sont sortis de ma vie et qui aujourd'hui me protègent et m'accompagnent depuis un ailleurs. Merci pour ce que nous avons partagé et vécu ensemble et, surtout, pour l'amour donné. Je ne les oublierai jamais.

À mes associés et amis argentins et à mon assistante chilienne, sans lesquels cela n'aurait pas été possible ; merci à l'amour et à l'humour inconditionnels qu'ils ont mis dans ce processus.

À tous ceux qui silencieusement m'apportèrent leur témoignage et participèrent aux études, car c'est grâce à eux que ce travail fut possible.

À tous ceux qui m'ont fait parcourir le chemin de la douleur, sur lequel les désillusions et les désenchantements vécus m'ont permis d'être aujourd'hui une meilleure personne… à partir de l'humilité et l'apprentissage de prendre en charge ma propre histoire.

À ma nouvelle maison d'édition qui a mis beaucoup d'amour et de patience dans le développement de ce livre, et à l'ancienne avec laquelle j'ai parcouru tous mes meilleurs sentiers pour arriver jusqu'ici.

À vous tous qui venez à mes conférences dans de nombreux pays, qui lisez mes livres et qui m'avez accompagnée durant toute ma vie. Merci pour la précieuse tendresse qui ne cesse de me surprendre et qui me stimule à continuer cette aventure.

Enfin, à mes amies, complices merveilleuses de ce chemin. À Silvana, qui fut essentielle pour me permettre d'initier le dur processus d'écrire ces lignes.

Une nouvelle fois à la vie, défi merveilleux et constant pour nous vaincre nous-mêmes… ce livre en est un bon exemple.

Table

Mise en pages
PCA – 44400 Rezé

IMPRIM'VERT®

Imprimé en France
par Corlet Imprimeur
14110 Condé-sur-Noireau
Dépôt légal : octobre 2014
N° d'impression : 166755